ENQUÊTE SUR LE BÉTAIL

ÉTAT DU BÉTAIL

DANS LE

DÉPARTEMENT DE L'ALLIER

PAR

M. LE Mis E. DE MONTLAUR

COMMISSAIRE ENQUÊTEUR

ET MM. JOACHIM DE GARIDEL, RENON, PETIT,
PERCHER, DE BEAUMONT, JEAN TALON, CLAYEUX, DULIGNIER,
PEJOUX, Vte DE DURAT, CHABOT & JOSEPH DE PEUFEILHOUX

Mars 1876

PARIS

IMPRIMERIE DE E. DONNAUD

9, RUE CASSETTE, 9

ENQUÊTE SUR LE BÉTAIL

ÉTAT DU BÉTAIL

DANS LE

DÉPARTEMENT DE L'ALLIER

I.

La Société des agriculteurs de France, poursuivant la mission qu'elle s'est imposée de développer notre richesse agricole, a décidé, dans sa session de 1874, qu'elle entreprendrait une enquête sur la situation du bétail en France. Elle a cru, avec raison, qu'il était profitable de rechercher dans chaque département les races qui y dominent, leur origine, leur importance, à quels travaux elles sont employées, ce qu'on exige d'elles, quels profits on en retire. Elle a voulu savoir quels modes d'élevage étaient suivis, quels croisements avaient été tentés, pour indiquer ensuite la meilleure voie à suivre ; à quels résultats on était parvenu, quel rôle avaient joué dans ce travail d'amélioration ou de transformation des races l'Administration centrale, l'Administration départementale, les Sociétés et Comices ; à quels moyens on avait eu recours, et si par ces moyens divers, subventions, concours, ventes aux enchères de reproducteurs, on avait atteint le but qu'on se proposait ; quelle avait été l'influence des établissements fondés et entretenus par l'État, vacheries et bergeries. Enfin, question

ENQUÊTE SUR LE BÉTAIL

ÉTAT DU BÉTAIL

DANS LE

DÉPARTEMENT DE L'ALLIER

PAR

M. LE Mis E. DE MONTLAUR

COMMISSAIRE ENQUÊTEUR

ET MM. JOACHIM DE GARIDEL, RENON, PETIT,
PERCHER, DE BEAUMONT, JEAN TALON, CLAYEUX, DULIGNIER,
PEJOUX, Vte DE DURAT, CHABOT & JOSEPH DE PEUFEILHOUX

Mars 1876

PARIS

IMPRIMERIE DE E. DONNAUD

9, RUE CASSETTE, 9

ENQUÊTE SUR LE BÉTAIL

non moins importante pour les agriculteurs et éleveurs, la Société a désiré connaître quels étaient les débouchés, si le commerce du bétail était en progrès, et ce qu'il y aurait lieu de faire pour augmenter encore cette prospérité.

Il suffit de poser ces questions, qu'on s'est efforcé de restreindre, afin d'éviter la confusion et d'obtenir des réponses nettes et précises, pour faire voir et toucher du doigt, pour ainsi dire, la haute importance de l'enquête ouverte.

Afin d'accélérer le travail et d'arriver à posséder un ensemble d'informations qui permettront d'apprécier exactement la situation actuelle de l'élevage en France, la Société des agriculteurs de France a choisi plusieurs de ses membres, qu'elle a chargés de l'enquête dans les départements qu'ils habitent ou connaissent plus particulièrement. Elle a bien voulu me désigner pour diriger ce très-sérieux travail dans le département de l'Allier. L'enquête, pour être utile et donner tous les résultats qu'on en attend, doit être consciencieusement faite, et porter sur tous les points du département, qui est bien loin d'être homogène. Aussi me suis-je empressé de faire appel aux membres de la Société d'agriculture de l'Allier, toujours si dévoués à la cause agricole, et qui ont tant contribué à répandre depuis bien des années les saines doctrines dans le pays. Ils n'ont pas hésité à me donner leur concours le plus complet. Les mémoires et notes que plusieurs d'entre eux ont rédigés, forment un ensemble de recherches et d'observations qui répond au désir formulé par la Société des agriculteurs de France, et que très-certainement dans l'avenir on consultera avec profit. Ces rapports si exacts, et qui montrent sous son véritable jour la situation présente, ont été lus dans une séance spéciale de la société départementale, et ont donné lieu à un échange de remarques qui ont complété les jugements émis par leurs auteurs. Ma tâche s'est donc bornée, en quelque sorte, à les coordonner, à en retrancher les répétitions inévitables, à y joindre quelques données générales sur la contrée soumise à notre examen, à compléter enfin le travail de mes collaborateurs par l'étude de la partie du département dont j'étais chargé. Il en est résulté le présent mémoire, que j'ai l'honneur de présenter à la Société des agriculteurs de France. Mais c'est un devoir pour moi de citer tout d'abord les noms des agriculteurs distingués, sans lesquels ma mission eût été impossible, ma tâche tout au moins très-incomplète, et qui ne m'ont pas marchandé le secours de leurs lumières et de leur expérience.

Qu'il me soit permis de citer en première ligne M. Joachim de Garidel, actuellement président de la Société d'agriculture de l'Allier, dont le travail si complet forme la principale partie, je devrais dire la base même de ce mémoire. S'aidant du savoir et de la bonne volonté de MM. Renon et Petit, tout en retraçant le tableau de l'élevage dans le département, rappelant ses origines et montrant quel est le présent, quel pourra être l'avenir, il s'est occupé plus particulièrement des deux cantons de Souvigny et de Bourbon-l'Archambault (arrondissement de Moulins). M. Percher a donné des indications certaines sur le canton de Lurcy. M. de Beaumont s'est occupé de celui du Moutet. Les cantons de Dompierre, du Donjon, de Jaligny, ont été étudiés par MM. Jean Talon et Clayeux ; ceux de Varennes et de Lapalisse, par MM. Dulignier et Pejoux ; ceux de Marcillat et de Montluçon par MM. le vicomte de Durat et Joseph de Peufeilhoux. Enfin M. Chabot a présenté des considérations générales sur l'élevage dans le département.

II.

Quelques renseignements ne semblent pas inutiles sur la nature du sol dans le département de l'Allier et sur les diverses cultures qui, par suite, y réussissent le mieux. Le sol présente des variations nombreuses ; la culture y est également différente. Le département renferme quelques parties en plaine, mais on trouve surtout des sites accidentés et des montagnes, dont quelques-unes sont assez élevées. Dans les plaines et les vallées, le sol est presque partout argileux et fertile. Ailleurs, c'est un mélange de sable et de gravier. Quoi qu'il en soit, la production des céréales domine dans le département. L'étendue totale est de 724,000 h., qui peut se décomposer ainsi :

Pays de montagnes.	190,500 h.
Bruyères ou Landes.	135,500
Terrains très-fertiles.	15,900
Sol calcaire.	23,000
Sol argileux.	49,000
Sol pierreux, sablonneux ou de diverses sortes.	310,000

Il convient d'ajouter que, depuis que cette statistique a été publiée, depuis quinze ans surtout, bien des bruyères et landes ont été défrichées et transformées en terres à céréales, grâce à l'emploi de la chaux. Il est peu de pays, peut-être, où le progrès agricole se soit manifesté aussi énergiquement et sous toutes ses formes.

Les montagnes qui partagent le département, la plupart granitiques, sont des prolongements des montagnes d'Auvergne. Les bois occupent une partie assez considérable de la contrée. L'élévation moyenne du département est de 350 m. au-dessus du niveau de la mer. Les changements de température sont brusques et fréquents. Le voisinage des montagnes en est cause. Les froids y sont souvent tardifs : de là, des désastres trop fréquents pour les vignobles. Les bois occupent le cinquième de la surface du département. Près de 26,000 hectares appartiennent à l'État, plus de 82,000 h. aux particuliers. Situé au centre de la France, l'Allier devait naturellement bénéficier de l'industrie féconde des chemins de fer. Aussi est-il bien partagé sous ce rapport, et les voies ferrées qui le traversent lui permettent d'exporter ses produits variés dans toutes les directions.

Ces quelques lignes rapides suffisent, le but qu'on se propose ici n'étant pas une étude sur le département, ses richesses et ses productions en général, mais l'examen surtout de l'élevage du bétail dans la contrée. On n'a pas cru utile de passer en revue tous les cantons. Ce qui sera dit pour les cantons dont on a analysé particulièrement la situation s'applique à ceux qui les entourent, et où les mêmes faits agricoles se produisent.

III.

ARRONDISSEMENT DE MOULINS.

CANTONS DE BOURBON ET DE SOUVIGNY.

Aperçu général. — Leur agriculture.

Les deux cantons de Bourbon et de Souvigny présentent généralement une surface accidentée, entrecoupée de côtes en pentes douces et de vallées assez larges, arrosées par de petits cours d'eau, dont les principaux sont : la Queune à Souvigny et la Burge à Bourbon.

Le canton de Bourbon tout entier et plus d'une bonne moitié du canton de Souvigny, surtout la partie de ce canton limitrophe du canton de Bourbon, se composent de terres soit tout à fait argileuses, soit argilo-siliceuses. Le sous-sol est généralement compacte, formé ou d'argile pure très-serrée ou d'une sorte de mâchefer, appelé dans le pays *chameron*; ce sous-sol est imperméable à l'eau. Les terres sont assez difficiles à travailler ; comme toutes les argiles, elles craignent également et l'excès d'humidité et l'excès de sécheresse ; elles sont complétement dépourvues de l'élément calcaire ; et, à l'exception de quelques parties privilégiées et fertilisées par de grandes quantités d'engrais aux environs des villes ou des bourgs, ces terres avant l'introduction de la chaux, ne produisaient que très-peu. Les fourrages artificiels, le trèfle, le ray-grass, la luzerne n'y venaient point. La Providence avait pourtant placé à côté de ces terres argileuses, à leur portée et en quantité presque infinie, le remède souverain à leur infertilité, la chaux. Le canton de Souvigny, en effet, à son centre même, dans la plaine de Saint-Menoux, renfermait des bancs immenses d'un calcaire excellent, donnant une chaux grasse, parfaite pour l'amendement des terres.

Quelques essais de chaulage avaient été faits avant 1848,

et avaient donné de bons résultats ; l'arrêt des affaires et les inquiétudes politiques, suites de la révolution qui eut lieu alors, arrêtèrent un moment l'élan qui allait être donné, et ce n'est qu'un peu après 1850 que les chaulages commencèrent sur une grande échelle. La production des fourrages artificiels augmenta immédiatement dans des proportions considérables. Dans notre région, si les terres proprement dites étaient assez improductives en fourrages avant l'introduction de la chaux, il est juste de dire que, de tout temps, il avait existé sur certaines parties d'assez bons prés naturels, sur les rives principalement de la Burge à Bourbon, de la Rose à Saint-Menoux, de la Queune à Souvigny. Les prairies fertilisées par le limon provenant des débordements fréquents de ces petites rivières donnaient des foins naturels en assez grande quantité et d'une qualité renommée, surtout pour l'engrais du bétail. Les autres prés, mal irrigués, mal amendés, donnaient fort peu de foin. La chaux, en fertilisant les terres, en augmentant le bétail, et par conséquent le fumier, en donnant les moyens de faire des composts, en permettant de créer de nouveaux prés, a contribué à augmenter la quantité des foins naturels presque dans les mêmes proportions qu'elle avait augmenté les fourrages artificiels.

HISTORIQUE

DE L'ÉCONOMIE DU BÉTAIL DANS LES DEUX CANTONS.

Ici, comme partout ailleurs, les progrès de la production fourragère ont été suivis immédiatement du progrès de la production animale, et l'historique de la première est mot à mot l'historique de la seconde.

Description de l'ancienne race. — En 1848, la race qui peuplait les cantons de Souvigny et de Bourbon, quoiqu'on lui ait fait quelquefois l'honneur de l'appeler race bourbonnaise, ne méritait pas le nom de race. — C'était une sorte de bétail bâtard, mélange assez malheureux des races limousine et marchoise, pelage généralement jaune froment, cornes vertes à leur base, noires à leurs extrémités, cuisses aplaties et dégarnies de chair, côtes plates, fanon trop développé, ligne des reins souvent défectueuse ; ventre gros et pendant, derrière pointu ; indices certains d'une castration trop tardive et d'un sevrage trop précoce ; tels étaient les caractères des animaux qui peuplaient le pays. Cette race, si l'on tient absolument à donner le nom de race à un tel bétail, était élevée sur les lieux mêmes par les métayers, mais dans les conditions les plus déplorables. Le choix d'un étalon était tout à fait inconnu ; le premier veau venu, pourvu qu'il fût de bon service, comme disaient les paysans, était jugé propre à la saillie des vaches du domaine; les vaches, souvent livrées au taureau à l'âge d'un an ou de dix-huit mois, mal nourries, parce qu'il était dans l'usage de ne leur donner que les restes des bœufs de travail et des bœufs d'engrais, étaient la plupart du temps dans un effrayant état de maigreur ; elles auraient eu de la peine à nourrir leur veau pendant le temps convenable ; aussi s'empressait-on de les débarrasser de ce soin en sevrant au bout de deux ou trois mois au plus le malheureux veau, qui, à partir de ce moment, devait se suffire à lui-même sans mère ni lait. Le lait devenait la propriété du métayer, qu'il empêchait de mourir de faim. Les agriculteurs les plus avancés faisaient mettre par le notaire dans leurs baux que le métayer serait tenu d'envoyer une vache avec deux veaux dans le même pacage que les bœufs pendant tout l'été, et nous avons sous les yeux des baux, postérieurs à 1850, où cette clause est écrite. Malheureusement, cette précaution était illusoire, parce que la plupart du temps la vache déjà épuisée ne pouvait suffire à ses deux nourrissons, et achevait elle-même de se dessécher. Le veau n'était pas seulement négligé pendant le temps où l'allaitement nécessaire aurait dû lui être ménagé ; après l'avoir sevré trop tôt, on le mettait pendant l'hiver au régime peu succulent de beaucoup de paille entrecoupée de fort peu de foin ; pendant l'été on ne lui livrait les pâturages qu'après en avoir fait manger par les bœufs toute la meilleure herbe. On ne les castrait jamais qu'à deux ans, et encore le plus souvent ne l'étaient-ils que fort mal.

Le résultat d'un pareil système d'élevage était de donner à deux ans, deux ans et demi, de jeunes bœufs, petits, mal faits, sans étoffe ni taille, incapables d'être assez forts pour remuer la charrue dans des terres compactes et résistantes, ou de faire les charrois dans les chemins de traverse affreux qui existaient seuls à cette époque. — Aussi, à l'âge qu'on vient d'indiquer, ces jeunes bœufs étaient vendus et emmenés par des marchands dans le Jura, aux foires de Lons-le-Saunier, et d'Orgelet, où les paysans francs-comtois venaient les acheter pour cultiver les terres en côte de leurs montagnes. A leur place, nos métayers achetaient relativement beaucoup plus cher qu'ils n'avaient vendu, des bœufs du Limousin et des bœufs de Salers, vulgairement appelés dans le pays Mauriacs, du nom de la petite ville d'Auvergne dans les environs de laquelle on allait les chercher. Ces bœufs appartenant à de très-bonnes races, et choisis assez généralement parmi les meilleurs de leur pays, faisaient, pour nous servir d'une expression consacrée, assez bonne fin dans le Bourbonnais. Ils devenaient l'objet de tous les soins des métayers, qui mettaient un grand amour-propre à les avoir beaux et bien tenus ; ils donnaient beaucoup de travail pendant deux, trois et même quatre ans. Engraissés ensuite au foin et aux tourteaux, ils faisaient de bons bœufs de boucherie, assez lourds et surtout très-estimés pour la qualité de leur viande. — Achetés par nos cultivateurs à l'âge de quatre et cinq ans, ils étaient ainsi revendus gras lorsqu'ils atteignaient environ leur huitième année.

Si ce système avait quelque avantage, en ce sens qu'il fournissait de bons bœufs de travail tout dressés et qu'on n'avait qu'à prendre le lendemain du jour de leur achat pour les mener de suite à la charrue, il présentait en bien plus grandes proportions d'immenses inconvénients.

En effet, l'on vendait bon marché les jeunes bœufs élevés dans les domaines parce qu'on avait négligé, de tous points, leur élevage. On achetait les bœufs du Limousin et de l'Auvergne, un peu plus âgés, il est vrai, mais environ trois fois le prix qu'on avait vendu, et, lorsqu'on avait engraissé ces bœufs qui coûtaient si cher, on n'arrivait qu'avec peine souvent à les revendre pour le prix qu'ils avaient été payés maigres. Il y avait donc perte de toute façon, les bénéfices du cheptel de chaque année étaient pour ainsi dire nuls, et ceux-là seuls pouvaient réaliser quelques profits sur le bétail, qui achetaient et revendaient leurs animaux pendant toute l'année ; c'était alors du commerce, ce n'était plus de l'agriculture. Il faut ajouter que le métayer qui était obligé d'aller acheter à l'extérieur ses bœufs de travail parce qu'il avait négligé l'élevage de son propre domaine, tournant dans une sorte de cercle vicieux, portait tous ses soins sur ces bœufs achetés, pour ne pas perdre sur le prix qu'ils lui avaient coûté, et alors abandonnait plus que jamais les vaches et les jeunes veaux, ce qui faisait dégénérer avec une rapidité toujours croissante les animaux nés dans le pays.

Tels étaient, en 1848, l'économie du bétail et le système d'élevage dans les cantons de Bourbon et de Souvigny. Le tableau qu'on vient d'en faire n'a rien d'exagéré. On peut juger d'après lui combien cette région était en arrière, et cela surtout par la négligence et la routine des cultivateurs ; car cette race de bétail, toute mauvaise et bâtarde qu'elle fût, si elle avait été mieux soignée, mieux nourrie, même dans les limites du fourrage qui existait à cette époque, aurait pu donner encore des bœufs, peu grands, il est vrai, mais de bonne qualité et fournissant à la boucherie un rendement bon relativement à leur grosseur. Comme spécialité, elle était beaucoup trop petite pour le Bourbonnais, où il faut des animaux de travail grands et forts ; elle n'avait de convenance réelle que dans le Jura où on l'exportait.

Là, nos bœufs, petits, mais vigoureux et sobres, se prêtaient parfaitement au travail dans la montagne, où des bœufs plus lourds et plus exigeants sur la quantité de nourriture auraient beaucoup moins bien réussi.

COMMENCEMENT DES AMÉLIORATIONS.

Depuis longtemps, et bien avant 1848, on avait commencé à s'apercevoir en Bourbonnais des inconvénients que présentait ce bétail. Les plus éclairés des éleveurs avaient essayé de l'améliorer en introduisant quelques taureaux du Limousin. Plus tard, des tentatives d'amélioration plus sérieuses encore avaient été faites sous le patronage du comice de Bourbon, alors présidé par M. Descolombiers. On avait voulu essayer de la race charolaise ; et, dans ce but, des taureaux avaient été achetés dans le Brionnais, à Saint-Christophe, entre la Clayette et Marcigny. La négligence que l'on continua de mettre dans l'élevage, le peu de rendement des terres, qui n'étaient encore point chaulées, firent échouer plus ou moins tous ces essais. Les taureaux importés ne donnèrent pas les résultats attendus. Avant de changer la race de bétail, il fallait d'abord perfectionner la culture ; vouloir faire le contraire, c'était mettre la charrue avant les bœufs, c'était s'exposer à un échec certain.

Quelques années après 1848, vers 1852 et 1853, les affaires reprirent, un nouveau courage s'empara des agriculteurs, on se mit à cultiver mieux, on chaula sur une grande échelle, les fourrages doublèrent ; le moment était venu d'avoir une véritable race de bétail et de se suffire à soi-même, au lieu d'aller acheter chez ses voisins les bœufs dont on avait besoin. Il fallait une race plus précoce que celle qu'on possédait, plus grande de taille, capable à la fois de fournir de bons attelages pour le travail et de bien finir à la boucherie, s'engraissant facilement, susceptible de prendre un certain poids assez jeune, et de donner une viande de bonne qualité.

Il fallait en même temps une race rustique supportant bien d'être abandonnée à elle-même au pâturage pendant six à sept mois de l'année, nuit et jour. On ne pouvait penser à améliorer la race existante par la sélection, il était trop évident qu'elle n'aurait jamais pu, même en choisissant avec le plus grand soin possible les meilleurs sujets pour reproducteurs, donner les résultats et réunir toutes les qualités qu'on demandait.

INTRODUCTION DÉFINITIVE DE LA RACE CHAROLAISE.

On jeta de nouveau les yeux sur la race charolaise ; seulement, au lieu d'aller la chercher, comme la première fois, en Charolais même, on demanda des reproducteurs au Nivernais. Là en effet, la race charolaise avait été beaucoup améliorée. Sous l'influence de l'introduction d'un peu de sang Durham, elle avait perdu de l'exagération de son ossature, elle avait pris de la finesse ; ses formes souvent trop anguleuses s'étaient arrondies et garnies de chair ; elle était devenue une race nouvelle, la race nivernaise. C'était un milieu entre le Durham, trop perfectionné encore pour l'état de notre agriculture, et l'ancien Charolais, dont la nature un peu trop grossière manquait de précocité et de qualité. Cette race réussissait admirablement dans les pâturages de la Nièvre et du Cher ; elle paraissait avoir toutes les aptitudes que nous voulions donner à notre bétail.

Croisements. — Les premiers essais furent faits par des croisements ; quelques propriétaires achetèrent des taureaux dans la vallée de Saint-Pierre ou dans le Bazois, et les donnèrent à leurs vaches du pays, en ayant soin toutefois parmi celles-ci d'opérer une certaine sélection, c'est-à-dire de ne garder que les meilleures. Les bons résultats ne se firent pas attendre. Ce premier croisement donna immédiatement des animaux infiniment supérieurs à tout ce que l'on avait eu jusque-là. La taille augmenta, les formes devinrent plus amples; la souplesse plus grande du cuir, la couleur des cornes qui, de vertes qu'elles étaient, prirent une teinte blanche et transparente, donnèrent de suite au bétail un cachet de distinction inconnu auparavant, et attestèrent qu'une amélioration profonde était obtenue.

Au lieu de mal soigner les jeunes bêtes, on se mit à les nourrir mieux. Au lieu de vendre tous les mâles à l'âge de deux ans, on ne vendit que les moins bons ; on garda les meilleurs et on essaya de les dresser pour en faire des animaux de travail ; ils devinrent d'excellents bœufs, et le colon, quoique ce dressage lui donnât un peu de peine, commença à comprendre, par le bénéfice inconnu qu'il trouva sur ses comptes, qu'il valait bien mieux prendre ses bœufs chez soi que d'aller les acheter chez les autres.

En agriculture plus qu'en toutes choses, et surtout avec des métayers, le premier pas est toujours le plus difficile à faire. Désormais il était fait pour nous, nous étions sûrs de ne pas nous tromper en prenant la voie qu'on venait d'ouvrir. D'anciens fermiers, élevés au commerce des taureaux ou châtrons avec la Franche-Comté, eurent l'intelligence et le courage d'abandonner sans hésiter la routine du vieux temps et de se lancer résolûment dans le chemin de l'amélioration. Plus que les jeunes agriculteurs, ils avaient la confiance des métayers, ils les entraînèrent avec eux et achevèrent de gagner la cause du progrès. On leur en doit une profonde reconnaissance ; ils ne pouvaient pas rendre de plus grand service à leur pays.

Race pure. — L'élan une fois donné, les choses allèrent vite ; on ne se contenta plus du croisement, on voulut avoir la race pure. Au lieu de n'acheter que des reproducteurs mâles, beaucoup vendirent leurs anciennes vaches et achetèrent des génisses et des vaches nivernaises. La culture faisant tous les jours de nouveaux progrès et ayant introduit dans le pays sur une certaine échelle les racines fourragères, topinambours et betteraves, les essais de race pure furent aussi heureux que l'avaient été les essais par croisement, et petit à petit on en arriva à ce que nous voyons aujourd'hui.

RACE CHAROLAISE, RACE DOMINANTE.

Actuellement la race nivernaise règne d'une manière générale dans la région de Bourbon et de Souvigny. Sans doute il y a encore beaucoup d'étables où cette race n'est pas entièrement pure, où elle a été alliée plus ou moins heureusement avec des animaux bâtards ; mais ce n'est que l'exception, et on peut dire en toute vérité que la race nivernaise-charolaise est la race dominante de notre pays. Mieux encore que les premiers croisements avec l'ancienne race, elle remplit le but qu'on s'était proposé. Les bœufs qu'elle nous donne pour le travail sont excellents, ils sont prêts de bonne heure et, dès l'âge de trois ans, commencent à rendre des services. Ils ne sont pas moins propres à l'engrais ; après avoir fait deux ou trois années à la charrue, ils prennent la graisse facilement, et en raison de leur poids et de leur bonne qualité, se vendent de bons prix à la boucherie.

Double aptitude au travail et à l'engraissement. — C'était cette double aptitude au travail et à la viande que nous cherchions surtout à trouver réunie dans la même race. Tout le monde comprendra, en effet, l'importance qu'elle a pour un pays où la culture a énormément à labourer, où elle ne peut pas penser à se servir de chevaux, et où en même temps la quantité et la qualité des fourrages font de l'engraissement presque une nécessité.

Nécessité d'aller chercher les producteurs à la source de la race en Nivernais. — La race charolaise-nivernaise s'est très-bien acclimatée dans les cantons de Bourbon et de Souvigny, elle s'y maintient généralement en bon état au pâturage et à l'écurie. Évidemment elle s'y trouve dans des conditions qui lui conviennent. Cependant elle n'est point aussi bien que dans les bons herbages du Nivernais, et, malgré tous les soins qu'on peut leur donner, les animaux nés chez nous ne prennent généralement pas un développement aussi rapide, aussi précoce, aussi complet que dans la Nièvre. La finesse, c'est-à-dire la bonne nature, la souplesse des mouvements, l'aptitude à bien et vite engraisser ne se perdent pas, mais la taille en général et surtout le degré de taille atteint pendant les deux ou trois premières années tendent un peu à diminuer. Ce point est important, parce qu'il tend à réduire la grosseur et le poids des bœufs et aussi leur force pour le travail. Aussi, sommes-nous obligés de veiller avec grand soin, d'abord à toujours bien nourrir nos animaux, ce qui diminue l'inconvénient dont on parle, et ensuite à aller constamment chercher nos reproducteurs mâles, et de temps en temps, quelques vaches en Nivernais. En retrempant ainsi notre bétail dans la race originelle, prise à sa source et aux lieux mêmes d'où nous l'avions tirée, nous empêchons nos cheptels de dégénérer. C'est une précaution qu'on peut regarder comme indispensable si l'on veut se maintenir à la hauteur du point de départ.

Importance de la race charolaise dans le pays. — Après avoir indiqué l'origine, l'utilité, la spécialité de la race charolaise-nivernaise, aujourd'hui race dominante dans notre région, il nous reste, pour répondre sur tous les points au questionnaire, à dire quelques mots de son importance. Il va sans dire que cette importance ne peut être que très-grande dans une région où le bétail joue un rôle aussi considérable que dans celle qui nous occupe, et où, à cause de l'abondance des fourrages, il tient une si large place dans toute l'agriculture.

Nous ne pourrions donner en chiffres précis le nombre de têtes de bétail existant sur les cantons de Souvigny et de Bourbon ; il faudrait pour cela des renseignements de statistique que nous n'avons point, et qui d'ailleurs n'ont rien à faire dans ce travail ; disons seulement d'une manière générale que les domaines ou métairies dont la surface moyenne est de 50 à 60 hectares entretiennent chacun de 30 à 40 bêtes à cornes ; c'est à peu près deux tiers de tête de bétail par hectare. Ce n'est pas la perfection, qui voudrait une tête de bétail pour la même étendue, mais c'est quelque chose, et l'on peut dire que cette proportion représente déjà une production animale très-respectable, quand on considère surtout que tout ce bétail est élevé dans le pays, et qu'il n'y a plus d'importation de bœufs comme autrefois. Enfin, c'est un progrès immense accompli dans les vingt-cinq années qui nous occupent.

En 1848, en effet, la moyenne de chaque domaine ne dépassait pas quinze à vingt bêtes, et si l'on se rappelle dans quel état était entretenu ce bétail, et par conséquent le poids infiniment moindre par tête qu'il représentait, si l'on se rappelle aussi le grand nombre de bœufs que l'on achetait, on peut se rendre compte de la différence de la production des deux époques, de l'importance que cette production a prise aujourd'hui, et mesurer tout le chemin qui a été parcouru.

Essais de race Durham dans les deux cantons. — La race Durham à Souvigny et à Bourbon ne compte presque pas de représentants ; elle a été cependant essayée par quelques propriétaires qui avaient des réserves qu'ils exploitaient directement. Ces essais ont produit de très-bons et très-beaux animaux que nous avons souvent admirés dans nos concours départementaux et même dans les concours régionaux. Cependant, expérience faite, les auteurs de ces essais ont abandonné la race anglaise, et sont aujourd'hui revenus à la race charolaise, comme répondant mieux aux besoins de notre région et aux conditions actuelles de notre agriculture.

Raisons actuelles qui ont fait abandonner ces essais. — *Inaptitude au travail.* — Cette race si parfaite comme conformation, comme précocité, comme poids et production de viande, a l'inconvénient de n'être point une race de travail ;

elle ne peut fournir ces bœufs à deux fins que nous recherchons, et les agriculteurs qui l'avaient essayée étaient obligés de faire leurs travaux soit avec des chevaux, soit avec des bœufs de Salers qu'ils achetaient.

On a reproché aussi à la race Durham de n'être pas aussi rustique que la race charolaise. C'est un inconvénient grave pour nous. Il ne faut pas nous le dissimuler, malgré les progrès que nous avons faits, notre agriculture tient encore par bien des points à l'ancienne agriculture pastorale et est loin d'être parfaite. Du mois d'avril au mois de novembre, notre bétail est au pâturage, soit dans des trèfles, soit dans des ray-grass plus ou moins anciens de date, soit dans les prés naturels, mais seulement une fois que le foin a été fauché. Lorsque le temps est favorable, les animaux ont une quantité d'herbe suffisante pour se bien nourrir à ce régime, mais s'il arrive la moindre sécheresse, et cette circonstance, qui s'est produite cette année au printemps d'une manière si terrible, revient à d'assez fréquents intervalles, le bétail ne trouve plus que fort peu d'herbe, et encore cette herbe est-elle sèche, brûlée et peu succulente. Il est important alors d'avoir des animaux sobres, rustiques, qui puissent ne pas trop souffrir du peu de nourriture, et ne pas perdre en quelques semaines toutes leurs qualités. La race charolaise excelle à traverser ces mauvais moments. Pourvu qu'elle ait de l'eau pour boire à discrétion dans les pâturages, elle sait se contenter de peu, et sans dégénérer, attendre qu'un meilleur temps ramène de l'herbe. La race Durham semble s'en tirer beaucoup moins bien. Elle n'est pas, il est vrai, très-délicate sur la qualité des aliments ; mais si, pendant une période un peu longue, il arrive qu'elle soit appelée à une sobriété forcée, elle s'en ressent gravement, les animaux maigrissent beaucoup, ils sont difficiles et longs à ramener en bon état, et leurs formes s'altèrent d'une manière sensible.

Préférence du commerce pour la race charolaise. — Enfin, comme nous le verrons, lorsque nous parlerons des débouchés, les bœufs charolais paraissent être plus recherchés du commerce que les bœufs Durham, surtout lorsqu'il s'agit de bœufs de traits ou d'embouche. Ce sont là les trois principales raisons qui ont empêché nos agriculteurs de donner jusqu'ici plus d'extension à la race anglaise. S'il ne s'était agi que de l'aptitude à l'engraissement, de la précocité, de la perfection des formes, nul doute qu'elle n'eût été préférée à la race charolaise. L'avenir ne changera-t-il pas l'état actuel des choses ? Un jour, lorsque nous aurons fait en culture de nouveaux progrès, si, par exemple, nous arrivons à produire de grandes quantités de racines comme dans le Nord, ne reviendrons-nous pas au Durham ? Il n'est pas déraisonnable de le penser, mais nous n'avons à constater que ce qui est aujourd'hui.

Croisements Durham-charolais. — *Leurs avantages.* — Quelques croisements Durham-charolais ont été tentés dans notre région au moyen de taureaux Durham avec des vaches nivernaises ; ils ont généralement donné de très-bons résultats. Les bœufs qui en proviennent conservent assez d'aptitude au travail et en même temps acquièrent plus de taille, plus d'ampleur et de poids, plus de facilité et de précocité à l'engraissement que les bœufs charolais purs.

Leurs inconvénients.— Les croisements toutefois n'ont pas été poursuivis, parce qu'ils ont l'inconvénient de dégénérer très-vite si on n'en reste pas à la première alliance d'un mâle pur sang Durham avec une vache pur sang charolaise.

Les animaux demi-sang qui naissent de ce premier mélange des deux races, et que l'on est obligé de conserver comme reproducteurs pour renouveler les vacheries, donnent des produits inférieurs à eux à chaque nouvelle génération. Pour obtenir de bons résultats du croisement Durham-charolais, il faudrait ne jamais garder de reproducteurs croisés, et les demander tous, mâles et femelles, à la race pure en dehors de son étable. Ce système peut se soutenir pour des vacheries de peu d'importance ; mais pour des grandes fermes comme celles qui existent dans notre pays, il devient trop dispendieux et même impossible dans la pratique; car il est bien difficile de trouver à acheter chaque année le nombre de vaches et génisses nécessaires au renouvellement des cheptels, et de plus, on est exposé aux mauvaises chances de toutes sortes, inséparables de ces achats trop multipliés.

En dehors, comme race dominante, de la race charolaise et de ses croisements avec l'ancienne race bourbonnaise, croisements qui tendent à diminuer tous les jours pour aller à la race pure ; en dehors, comme race secondaire, de la race Durham et de quelques croisements Durham-charolais, il n'existe dans les cantons de Bourbon et de Souvigny aucune autre race de bétail. Quelques vaches de la petite race de Bretagne ont été importées depuis quelques années comme vaches laitières ; mais ce n'est qu'une exception dont il n'y a pas à tenir compte. Il n'y a point dans le pays de taureaux de cette même race, et les veaux qui naissent de ces vaches sont tous vendus à la boucherie.

Espèce ovine. — Dans les deux cantons de Bourbon et de Souvigny, l'élevage de la race ovine n'a offert jusqu'à présent qu'une importance secondaire.

Elevage. — En 1848, il pouvait être considéré comme nul. Depuis, avec l'amélioration de la culture, quelques bergeries se sont fondées, et ont donné d'assez bons résultats.

Southdown et croisements southdown-Crevant. — On avait d'abord essayé du Southdown pur ou croisé avec le mouton de Crevant, mouton à laine courte et fine, assez rustique et d'un engraissement facile. Ces essais sont en grande partie abandonnés aujourd'hui, on a trouvé généralement que cette race demandait trop de nourriture et résistait mal aux sécheresses. — On a essayé ensuite de la race Charmoise, et surtout de son croisement avec le Crevant déjà cité ; on a obtenu de très-bons produits et l'on compte actuellement quelques beaux troupeaux de ces moutons Charmoise purs ou croisés Charmoise. Nous nous permettrons de citer, entre autres, les troupeaux de MM. Petit à Saint-Menoux, Riant (Léon) à La Salle, Riant (Charles) à Saint-Aubin. Les moutons viennent bien, et sont très-précoces ; les agneaux sont vendus gras généralement à l'âge d'un an, ce qui est un résultat magnifique. La laine est vendue en suint ; elle n'est du reste considérée que comme un accessoire, la production de la viande est avant tout ce que nous demandons au mouton, et il n'existe pas chez nous de race à laine proprement dite, telle par exemple que la race mérinos.

Races de Crevant et de Montmarault. — La race Charmoise et ses croisements n'est malheureusement pas encore très-répandue dans notre région. Dans les bergeries où l'on élève, la race dominante est, ou la race de Crevant et ses dérivés plus ou moins purs, plus ou moins mélangés, ou la race dite de Montmarault, race à longue laine, plus grosse que celle de Crevant, mais plus dure à l'engrais. Les moutons de ces deux races, quand ils sont bien tenus, donnent d'assez bons animaux, mais il n'arrive encore que trop souvent qu'ils sont fort mal soignés, et restent très-inférieurs à ce qu'ils auraient dû devenir.

Engraissement des moutons achetés. — La plupart de nos agriculteurs, du reste, n'élèvent point. Ils se contentent d'engraisser des moutons achetés. Là encore c'est la race de Crevant qui domine et donne lieu à un commerce considérable. Nous en parlerons en répondant à la sixième question relative aux spéculations auxquelles donne lieu le bétail.

ANCIENNE RACE. — ESPÈCE PORCINE.

L'ancienne race de porcs que l'on rencontrait dans notre région était une grande race blanche, sans nom connu, très-défectueuse sous tous les rapports. Mince comme une lame de couteau, dure et tardive à engraisser, elle finissait par donner d'assez bonne viande, mais il fallait l'attendre jusqu'à deux et trois ans, ce qui rendait l'engraissement excessivement coûteux.

Premiers croisements anglais. — En 1848 et années suivantes, on introduisit une race anglaise noire, la race Berkshire. Cette race fut croisée, au moyen de quelques verrats achetés, avec les truies blanches du pays. Les résultats furent bons, on obtint des animaux s'engraissant incomparablement plus vite.

Race New-Leicester et ses croisements. — Plus tard, vers 1858 et 1860, la race noire dont nous venons de parler fit place à une nouvelle race anglaise blanche, la race Leicester. Les premiers verrats de cette race furent importés par M. Bignon, propriétaire à Theneuille. C'est aujourd'hui la race qui domine. Elle est de taille moyenne, très-bonne, très-précoce ; elle est très-estimée du commerce, et la vente en est facile.

Race Craonnaise et ses croisements. — Quelques personnes lui ont reproché de donner des animaux un peu petits, trop fins, et l'ont croisée avec la race Craonnaise. Ces croisements très bons se sont assez répandus, surtout du côté d'Ygrande et de Bourbon. Les animaux qui en proviennent sont plus grands de taille. La race Craonnaise a aussi été essayée pure, mais ces essais ne sont pas appelés à avoir de la suite. On trouve que cette race donne un peu trop grand, qu'elle n'est pas assez robuste, qu'elle a un tempérament trop lymphatique, et supporte mal l'élevage aux champs. Enfin, elle est d'une vente moins facile que la race anglaise.

Essais de la petite race Middlesex. — Quelques essais isolés de la petite race Middlesex ont été tentés, mais presque aussitôt abandonnés. Il nous faut des races ayant un peu de taille, donnant des porcs qui, lorsqu'on les engraisse, aient un peu de poids, et, lorsqu'on les vend comme porcs maigres, puissent marcher, c'est-à-dire aller à la glandée dans les bois et aux champs, et supporter les longues courses que les marchands leur font faire pour les transporter dans les pays qui viennent s'approvisionner à nos foires. Ce sont les inconvénients contraires qui ont fait renoncer aux petites races indiquées ci-dessus.

Importance de l'élevage des porcs dans le pays. — L'élevage et l'engraissement des porcs se fait dans les deux cantons de Bourbon et Souvigny sur une très-grande échelle ; il y a souvent deux et souvent trois mères par domaine, donnant quelquefois jusqu'à deux portées par an. Quelques agriculteurs, craignant les dégâts qu'elles font dans les terres, au lieu d'élever préfèrent acheter de jeunes porcs qu'ils engraissent ensuite et vendent pour la charcuterie. Mais l'élevage est beaucoup plus répandu que l'engraissement ; il dépasse infiniment les besoins locaux, et c'est par milliers qu'il faut compter les porcs livrés chaque année à l'exportation.

INFLUENCE DE L'ADMINISTRATION CENTRALE.

L'administration centrale a fait sentir son influence et contribué à donner l'impulsion au progrès de l'économie du bétail.

1° Par les concours régionaux.

2° Par les subventions données aux Sociétés et comices agricoles pour être appliquées à l'achat et à la vente aux enchères d'animaux reproducteurs destinés à améliorer les différentes espèces.

Concours régionaux. — Il n'est pas besoin de redire ici les avantages des concours régionaux et l'heureuse influence qu'ils ont eue partout sur l'économie du bétail ; il suffira d'indiquer que pour nous cette influence et ces bons effets ont été peut-être plus importants que partout ailleurs. Et cela pour deux raisons : — La première, c'est que cette influence a eu à s'exercer sur un pays où les bestiaux sont très-nombreux, où ils constituent une des branches capitales du revenu agricole et où même le paysan, par une heureuse disposition naturelle, s'intéresse vivement à tout ce qui regarde l'économie du bétail. La seconde, c'est que l'époque de la création des concours régionaux, la période de temps où ils ont été le plus florissants et le plus suivis a coïncidé précisément pour le Bourbonnais avec le moment où l'emploi de la chaux, devenu général, donnait à l'agriculture de cette région une impulsion toute nouvelle, ou, pour mieux dire, la transformait de fond en comble. Dans ces grands concours, nos agriculteurs, avec les connaissances premières que donne à beaucoup d'entre eux une longue habitude du commerce du bétail, ont eu bien vite discerné d'une manière générale les qualités des bonnes races, leurs caractères distinctifs, les avantages et les inconvénients que chacune pouvait avoir dans son application à notre pays. Leur choix une fois arrêté, ils ont appris par la comparaison des sujets de la même race à bien choisir leurs reproducteurs et à rechercher en eux les aptitudes spéciales dont ils avaient besoin pour le milieu où ils devaient être transportés. On n'a pas tardé à voir qu'on n'avait pas fait fausse route; les résultats obtenus l'ont bien vite proclamé, et il n'a pas fallu beaucoup de temps pour que les élèves vinssent disputer à leurs maîtres les primes de ces concours où naguère ils ne venaient encore que comme simples écoliers.

Subventions pour vente d'animaux reproducteurs. — Les subventions pour achat et revente d'animaux reproducteurs accordées par l'État ont également produit de bons effets en multipliant les types destinés à servir de point de départ. Disons cependant qu'elles sont peut-être arrivées un peu tardivement, et que l'initiative privée, avant elles, avait déjà opéré de grands progrès. Ce qui le prouve, c'est que beaucoup de ces ventes, destinées à être faites avec perte, ont, aux enchères, produit des bénéfices.

Influence de l'administration départementale. — L'administration départementale a exercé son influence par les fonds que, jusqu'en 1871, elle a alloués toujours généreusement aux associations agricoles pour leurs concours de département.

Malheureusement, depuis 1871, le nouveau Conseil général, pour des raisons que nous n'avons pas à approfondir ici, a suivi des errements tout différents, et a supprimé toute allocation à ces Sociétés dont l'existence, par suite de cette mesure, est aujourd'hui rendue très-précaire, et, pour quelques-unes, est même très-menacée.

Influence des Sociétés et Comices agricoles. — Les Sociétés et Comices agricoles ont eu une part considérable aux progrès de notre production animale par les ventes d'animaux reproducteurs dont nous avons déjà parlé, et surtout par leurs concours locaux. Ces concours ont rendu les plus grands services et on peut dire qu'ils ont été une des causes principales de tous nos progrès. Ils ont complété de la manière la plus heureuse les concours régionaux. Ces grandes expositions, en effet, ne revenant dans le département qu'à de longs intervalles, et beaucoup d'agriculteurs ne pouvant à cause de leurs occupations ou de leurs moyens pécuniaires se transporter tous les ans au lieu souvent éloigné où se tenait le concours de leur région, il était nécessaire que les plus petites exhibitions vinssent entretenir au milieu même des campagnes l'émulation et l'impulsion donnée. C'est ce qui a eu lieu. Transportés successivement dans chaque chef-lieu de canton, ces concours ont été suivis tous les ans par nos métayers ; les plus avancés sont venus y prendre part comme concurrents. Les autres sont venus s'y instruire et y perdre les derniers restes de leurs anciens préjugés et de la routine ; tous y ont assisté, et ainsi on peut dire qu'il n'est pas de petit cultivateur, quelque pauvre qu'il soit, quelque coin reculé qu'il habite, sous les yeux duquel ne soient passés et ne passent encore tous les ans les preuves des progrès accomplis, et qui ne puisse, par la vue de bons types de bétail, se mettre à la hauteur de son époque.

Dans le canton de Souvigny, la Société d'agriculture de l'Allier, dans le canton de Bourbon, l'ancien Comice de Bourbon, réuni il y a quelques années à la Société d'agriculture, ont fait par ces concours le plus grand bien. On ne peut s'empêcher de penser que le Conseil départemental devait en témoigner plus de reconnaissance, et de regretter qu'en retirant la main secourable qu'il avait tendue jusquelà aux Sociétés agricoles, il expose à une ruine presque entière ces expositions, source puissante de prospérité et de richesse.

Influence de l'initiative privée. — Avant de terminer cette question, il nous reste à dire un mot de l'initiative privée. C'est même par elle que nous aurions dû commencer, car en fait elle est le principe de tout, le premier mobile de nos progrès. L'administration centrale, le département, les associations, ne sont que les auxiliaires de cette initiative, sans laquelle ils ne peuvent rien. Dans notre région, il n'y a que les plus grands éloges à donner à cette initiative. Propriétaires, fermiers, métayers, depuis 1848, ont compris l'importance du bétail pour leur pays, et n'ont pas reculé devant de très-grands sacrifices pour arriver à son amélioration ; ils ont mis de côté tous les anciens errements, et ont marché en avant avec résolution et persévérance ; mais en même temps avec l'intelligence, la réflexion et le discernement qui sont les fondements nécessaires de tout progrès sérieux. C'est l'initiative privée qui, depuis 1848, a acheté les premiers taureaux nivernais ; c'est elle qui, voyant que les croisements de la vieille race avec ces nouveaux étalons donnaient de bons résultats, a vendu, souvent à un prix relativement très-bas ses anciennes vaches, et est allée chercher des vaches de race pure, qui lui coûtaient parfois jusqu'à mille francs la pièce ; c'est elle qui, par sa fermeté, a amené les colons à faire et dresser eux-mêmes leurs bœufs, qu'ils trouvaient bien plus commode d'acheter tout faits et tout dressés, malgré le peu de bénéfice qu'ils en retiraient.

Nous avons déjà fait voir le mérite qu'avaient eu certains fermiers d'abandonner la routine et d'entraîner les métayers dans la voie du progrès, mais une part tout aussi grande, plus grande peut-être revient aux propriétaires qui, au lieu d'aller dépenser leurs revenus dans les villes, et d'abandonner leurs propriétés, sont venus en grand nombre se fixer à la campagne. Habitant toute l'année leurs terres, ils ont mis résolûment la main à l'œuvre, ils ont cultivé par eux-mêmes, soit par métayers, soit par domestiques, et n'ont pas craint de consacrer une partie de leurs capitaux à cette terre qui, jusque-là, n'en avait été que trop deshéritée, et qui devait les leur rendre au centuple. Ils ont su par là se faire connaître d'un pays qui ne les connaissait auparavant que par l'argent qu'ils lui enlevaient ; ils ont conquis la considération et surtout la confiance en matière agricole de leurs subordonnés. Ils ont pu faire ainsi dans l'économie du bétail qui nous occupe, les changements les plus radicaux, avec la certitude qu'ils seraient secondés et suivis, et que leur œuvre de progrès demeurerait d'une manière durable.

Influence des vacheries et bergeries de l'Etat. — Ici, il n'y a point de réponse à faire. L'influence que les vacheries et bergeries de l'État ont exercée dans notre région a été nulle. A peine pourrait-on citer dans les cantons de Souvigny et de Bourbon un ou deux reproducteurs achetés à Fouilleuse ou à Corbon. Les achats n'ont eu aucune influence relativement à l'économie générale du bétail.

Système mixte de stabulation et de pâturage. — Le bétail, dans notre région, est soumis à un système mixte de stabulation et de pâturage. Au 1er novembre environ, il est mis à l'étable pour tout l'hiver ; au 1er mai il est mis dans des pâturages clos de haies où il est complétement livré à lui-même jour et nuit.

La plus grande partie de la première coupe des foins artificiels, trèfle, luzerne et ray-grass, et la première coupe des foins naturels tout entière sont séchées et servent à la nourriture des animaux l'hiver. Il faut y joindre les racines, betteraves, topinambours, pommes de terre et l'orge récoltée dans le domaine, qui presque toujours se consomme toute sur place pour l'engraissement.

Une partie de la première coupe des fourrages artificiels, la moins bonne ordinairement, la seconde coupe généralement tout entière, sauf quelques morceaux gardés pour les graines, enfin l'herbe des prés après l'enlèvement du foin, sont mangées sur place et servent à l'entretien du bétail pendant qu'il est au pâturage.

Les vaches vèlent (la plus grande partie du moins) au printemps, du mois de février au mois de juin. Les veaux les meilleurs, surtout ceux venus les premiers, sont gardés pour l'élevage ; les autres sont soignés, engraissés et vendus à la boucherie, à l'âge de six semaines à deux mois. Les veaux que l'on réserve pour l'élevage sont laissés à leurs mères autant que possible seuls. — Certaines personnes les gardent à l'écurie, et ramènent deux fois par jour la vache qui est au pâturage pour les faire teter. D'autres mettent au pré la vache et le veau qui suit sa mère et la tette à volonté. Les veaux ne sont sevrés qu'à six mois, souvent même à huit et quelquefois dix mois, pour ceux que l'on destine à faire des reproducteurs. Ils sont castrés avant le sevrage à peu près à trois ou quatre mois. Les trois méthodes par castration, par écrasement et par tortillement, sont en usage.

La première méthode est la moins répandue. Les agriculteurs qui l'emploient, font castrer leurs veaux plus jeunes, c'est-à-dire entre un et deux mois. Cette méthode, qui est très-bonne, en ce sens qu'elle cause moins de douleur aux animaux et les rend plus tendres à engraisser et plus précoces, n'a pas pris beaucoup d'extension parce qu'on lui a reproché de donner des bœufs lymphatiques et manquant de force pour le travail et de résistance à la fatigue. La castration par écrasement, ou, comme on l'appelle dans le pays, au marteau, est la plus usitée. La castration par tortillement s'emploie principalement pour les taureaux ayant fait le service de reproducteurs, et castrés par conséquent à un âge plus avancé.

Le veau, une fois sevré et castré, est nourri pendant l'hiver surtout avec les fourrages artificiels ; les foins naturels sont plus volontiers réservés pour les gros animaux, surtout pour les bœufs de travail ; le meilleur est mis de côté pour les bêtes à l'engrais. Les veaux reçoivent en outre une petite ration de betteraves ; on trouve que cette nourriture donnée avec mesure favorise la croissance et leur fait prendre plus de taille. Enfin les meilleurs éleveurs, ceux surtout qui veulent faire des étalons, ajoutent à tout cela un peu de farine d'orge, ce qui donne au veau plus de chair, un poil plus fin et plus brillant et par suite fait mieux valoir ses formes.

Saillie des génisses. — Arrivées à l'âge de deux ans, les génisses sont livrées à l'étalon pour faire veau à trois ans ; elles sont ordinairement gardées dans le domaine pour remplacer les vieilles vaches que l'on enlève. Celles qui se trouvent en surplus sont vendues à trois ans avec leur veau.

Les mâles, à deux ans, deux ans et demi, sont triés. Les moins bons sont livrés au commerce pour faire des bœufs ; les meilleurs sont gardés dans le domaine pour remplacer les bœufs qui ont fini leur temps. A trois ans, on commence à les mettre sous le joug ; à quatre ans, ils sont parfaitement dressés et aptes à tous les travaux de la ferme. On garde ainsi trois ou quatre bœufs, suivant les besoins et l'étendue du domaine. Les bœufs travaillent trois ans, puis sont ou engraissés ou vendus pour le trait ou pour l'embouche.

L'engraissement commence, autant qu'on le peut, l'été. On laisse reposer les animaux, on les met dans les meilleures herbes, de manière à les rentrer dans l'état le plus avancé possible. Aussitôt qu'ils ne trouvent plus assez de nourriture au pré, on les met à l'étable et là on les finit avec du foin, des betteraves, des tourteaux, de la farine d'orge et de l'avoine. On commence par les betteraves et par les tourteaux de colza, ensuite les tourteaux de noix et la farine d'orge. Enfin, dans les dernières semaines, on donne un peu d'avoine en grain pour que les animaux prennent des maniements plus fermes.

Les betteraves sont coupées au coupe-racines, les tourteaux cassés à la main et donnés tels en morceaux de la grosseur d'une noix ou d'une noisette ; le foin est laissé tel qu'il est, sans le hacher ; ordinairement le métayer le secoue lui-même, et trie le plus fin pour ses bêtes d'engrais. Dans quelques fermes plus avancées on hache la paille et le foin, et on les fait aigrir avec des racines.

Les domaines qui se trouvent avoir des terrains plus maigres où la betterave ne vient que difficilement, la remplacent par le topinambour ; enfin, quand les pommes de terre sont abondantes, on les donne cuites, mélangées avec de la farine ou des tourteaux en poudre. Ce système d'élevage présente des avantages nombreux.

Le veau laissé longtemps au régime du lait, si nécessaire à son premier âge, se développe bien et rapidement, et lorsqu'il arrive au moment de recevoir des aliments composés de fourrages secs, son tempérament est déjà formé, son estomac les supporte bien et se les assimile, sans la fatigue qui se produit lorsqu'on donne ces mêmes fourrages à des animaux trop jeunes.

Le pâturage en liberté complète pendant six ou sept mois n'est pas moins favorable aux jeunes animaux ; tout le monde sait combien il leur est nécessaire, surtout à ceux de race Charolaise, race essentiellement de pâturage. Ils y grandissent bien mieux qu'à l'étable, y prennent une santé robuste, s'habituent à toutes les intempéries et se forment de bons pieds, ce qui n'est pas d'une médiocre importance pour les jeunes bœufs destinés au travail. La nourriture qu'ils reçoivent à l'écurie l'hiver n'est pas moins bonne ; la betterave en petite quantité corrige ce que le fourrage peut avoir d'un peu sec, et empêche l'animal de s'échauffer. Les métayers leur donnent également les soins de propreté nécessaires, et on ne voit plus de ces animaux couverts, dès le premier jour d'écurie, d'une couche de fumier qui ne les quittait plus de tout l'hiver.

La pierre de touche d'un système d'élevage ce sont les animaux qu'il produit. Or, le bétail de notre pays prouve aujourd'hui par sa précocité, par sa force au travail, par sa bonne santé, par la conservation des qualités inhérentes à la race à laquelle il appartient, que son éducation n'a point été négligée, mais au contraire conduite d'après une méthode bonne et rationnelle. Il est difficile de trouver des inconvénients à ce système d'élevage qui est le seul praticable dans notre pays et dans les circonstances où nous nous trouvons. Si quelquefois les élèves réussissent mal, s'ils n'atteignent pas le développement qu'ils auraient dû atteindre, il faut en attribuer la cause non au système lui-même, mais à sa mauvaise application.

Le système d'engraissement est également bon. On a pu voir par la variété des aliments donnés que rien n'y était négligé pour arriver à avoir des animaux bien finis, bien complétement gras. Aussi les bœufs que nous engraissons sont-ils très-estimés de la boucherie, et jouissent-ils d'une réputation méritée sur les marchés où ils sont vendus. Les concours de boucherie sont là pour attester cette vérité, et tous les ans les engraisseurs du Bourbonnais y tiennent une place honorable. S'ils n'arrivent pas toujours aux mêmes succès que leurs voisins de la Nièvre, c'est que ceux-ci ont pour préparer leurs animaux des herbes d'une qualité bien supérieure à celle de nos prairies. Les herbes donnent aux bœufs un développement de grosseur et de chair que la meilleure alimentation à l'étable ne saurait chez nous jamais produire.

Les deux reproches que l'on pourrait faire à notre système d'engraissement s'adressent, comme pour l'élevage, plutôt à l'application du système et à sa convenance qu'au système lui-même. Le premier serait d'être trop coûteux en ce qu'il entraîne de grands frais en aliments d'un prix élevé, tels que tourteaux, grains, farines. Dans les pays de bons herbages, ces frais sont infiniment diminués par l'état de graisse bien plus avancé dans lequel les animaux sont rentrés. Dans nos pays, l'inconvénient que l'on signale est réel et impossible à éviter. Aussi beaucoup d'agriculteurs aiment-ils mieux aujourd'hui vendre leurs bœufs maigres que les engraisser ; ils trouvent qu'ils ont plus de bénéfice net par la suppression de toute dépense. Il reste à savoir si la diminution de fumier qui résulte dans la ferme, de l'abandon de l'engraissement, n'est pas une perte qui rétablit, et au delà, la compensation.

Le second reproche, c'est que l'engraissement pratiqué dans nos domaines en même temps que l'élevage nuit souvent beaucoup à ce dernier. Le métayer garde pour ses bêtes d'engrais tout ce qu'il a de meilleur ; il arrive alors que les animaux élevés sont plus négligés et en beaucoup moins bon état, puisqu'ils ne mangent pour ainsi dire que les restes. Cet inconvénient considérable autrefois est un reste d'anciennes habitudes et ne peut être regardé aujourd'hui comme ayant une importance capitale. Un peu de surveillance et de fermeté le diminuent beaucoup, souvent même le font disparaître. il existe déjà d'une manière générale à un degré beaucoup moindre et il y a tout lieu d'espérer qu'il s'atténuera encore avec le temps et le progrès.

Elevage du mouton. — Il y a peu à dire sur l'élevage du mouton dans nos deux cantons. Cet élevage se fait avec beaucoup de soin dans les grandes bergeries dont nous avons parlé plus haut. — Le troupeau est sous la surveillance et la direction d'un berger de profession. Les brebis sont livrées au bélier, toutes à la même époque et dans un espace de temps restreint, de manière à ce que les agneaux arrivent tous à la fois. Les agneaux viennent de bonne heure, ordinairement au mois de décembre. Les mères bien nourries leur donnent un lait abondant. Aussitôt sevrés, ils sont mis au régime le plus succulent possible, pour être livrés de bonne heure à la boucherie, environ vers l'âge de huit mois à un an. Dans les autres bergeries du pays où l'on élève, les choses se passent malheureusement beaucoup moins bien. Le métayer confie la garde du troupeau à une bergère qui n'est souvent qu'une enfant, et qui joint à la légèreté fort naturelle à son âge une inexpérience complète. Le métayer lui-même entend souvent peu de chose à la direction du troupeau ; il fait saillir ses brebis trop tard ; il laisse surtout trop longtemps le bélier en liberté avec elles. Les agneaux arrivent depuis le mois de janvier jusqu'au mois de mars, et au lieu de se suivre et de présenter l'unité d'âge et de taille, si nécessaire pour la bonne apparence du troupeau, et pour l'unité du régime, s'échelonnent de la manière la plus déplorable et présentent un ensemble choquant d'animaux de tout âge et de toute grosseur. Ajoutez à cela que le troupeau est souvent regardé comme ce qu'il y a de moins important dans le domaine, et traité en conséquence, c'est-à-dire mal soigné et mal nourri. Les agneaux sont ordinairement gardés jusqu'à dix mois ou un an, et à cet âge, vendus aux foires du pays, pour aller dans d'autres domaines passer encore une année, au bout de laquelle ils sont engraissés. — On voit la différence de ce régime avec le premier que nous avons décrit, et combien il serait à désirer que l'un fît complétement place à l'autre.

Négligence encore très-grande dans la tenue des troupeaux. — Dans les fermes où l'on achète au printemps des moutons pour les engraisser l'hiver suivant, les troupeaux sont généralement aujourd'hui beaucoup mieux tenus qu'en 1848, logés surtout dans des bergeries plus saines ; aussi la cachexie, qui exerçait alors de fréquents ravages, est-elle aujourd'hui beaucoup moins commune. Mais il y a encore beaucoup à dire, et les inconvénients signalés plus haut se retrouvent. C'est une femme, souvent un enfant qui garde les moutons ; dans la saison des travaux ils ne sont pas même gardés, et, quant à la nourriture, la plupart du temps les pâturages ne leur sont donnés que lorsque les bêtes à cornes ont enlevé tout ce qu'il y avait de bonne herbe.

Engraissement des moutons. — Si l'élevage et la tenue du troupeau laissent encore souvent à désirer dans nos domaines, il n'en est pas de même de l'engraissement. Cet engraissement se fait généralement bien et avec soin, d'après les mêmes procédés que celui des bêtes à cornes. Racines, tourteaux, farine d'orge, son et avoine sont ici encore les aliments employés. Les moutons mis à ce régime deviennent très-gras, surtout ceux qui ne sont engraissés qu'entre deux et trois ans ; ils donnent une viande excellente, bien connue l'hiver sur les marchés de nos grandes villes.

Poids moyen des moutons gras. — Leur poids moyen est ordinairement de 20 kil. de viande nette. Les moutons étant depuis quelques années mieux soignés deviennent plus gros et le poids tend à augmenter. Les moutons de 25 kil., inconnus autrefois, ne sont pas rares aujourd'hui.

Élevage et engraissement des porcs. — L'élevage et l'engrais.

sement des porcs n'offre rien de particulier. Ils se font l'un et l'autre par les moyens usités partout. Les porcelets sont nourris avec le lait de la mère, avec un peu de seigle en grain et de la farine d'orge délayée dans de l'eau. Après le sevrage, ils reçoivent des pommes de terre cuites à l'eau ou à la vapeur, et mélangées de son ou d'un peu de farine d'orge. L'hiver, on leur donne dans certaines fermes beaucoup de topinambours. L'engraissement commence avec des pommes de terre, il finit avec la farine d'orge pure.

Poids moyen des porcs gras. — Le poids moyen des porcs gras est de 150 à 200 kil. Quelques-uns atteignent 250 et même 300 kil., mais ils ne doivent être regardés que comme des exceptions.

Commerce des animaux reproducteurs. — Le commerce des animaux reproducteurs n'existe dans nos cantons que sur une très-petite échelle. A peine deux ou trois agriculteurs ont-ils des étables montées dans ce but. Elles ne sont que des exceptions. Disons cependant que ces étables font honneur à leurs propriétaires et que l'on en voit sortir chaque année de bons taureaux. Ces animaux, inférieurs généralement à ceux de la Nièvre, se vendent au prix moyen de 5 à 600 fr., à l'âge de dix à douze mois ; quelques-uns atteignent le chiffre de 800 fr. et même un prix supérieur.

Commerce des bœufs. — Le principal commerce de Souvigny et de Bourbon est le commerce des bœufs, soit pour l'embouche, soit pour le trait, soit pour la boucherie.

Jeunes bœufs de deux ans. — Les jeunes bœufs de deux ans qui se trouvent en surplus dans les fermes et que l'on ne dresse pas (ordinairement les moins bons), jeunes bœufs qui, avant l'introduction de la race Charolaise, se vendaient pour la Franche-Comté, sont vendus aux foires du Bugey et de la Bourgogne ; quelques-uns, les plus beaux, sont achetés par des marchands de la Nièvre. Depuis un an ou deux, des fermiers de la Picardie et des environs de Paris viennent aussi en chercher de temps en temps.

Bœufs d'embouche et de trait. — Les bœufs, faits et dressés, depuis l'âge de 4 ans, se vendent au printemps en grande quantité aux emboucheurs de la Nièvre, quelques-uns à des marchands du Forez qui les emmènent pour en faire des animaux de travail. A l'automne, à partir du mois de septembre, et principalement à une foire importante qui se tient à Limoise, entre Lurcy-Lévy et Bourbon, ces mêmes bœufs se vendent par bandes nombreuses, et à des prix généralement élevés, pour les sucreries de la Picardie et du Nord. Dans ces contrées, ils sont employés à leur arrivée à rentrer les betteraves, ensuite engraissés avec les pulpes et vendus à la boucherie. Ce commerce de bœufs avec la Picardie a pris beaucoup d'extension depuis quelques années; les cultivateurs de cette région ayant en général renoncé à la culture avec des chevaux.

Vaches maigres. — Quelques vaches maigres sont aussi vendues pour être mises au pré dans les pays d'herbages, notamment en Nivernais.

Moutons maigres. — Quelques lots de moutons maigres partent pour l'embouche du Charolais au printemps.

De nombreux marchands viennent toute l'année enlever les porcs maigres pour les emmener dans toute la France, surtout dans le Morvan, en Champagne, en Charolais et jusque dans le Midi.

Commerce des animaux engraissés. — Tous les bœufs ne sont pas vendus comme bêtes de trait et d'embouche, beaucoup sont engraissés et vendus à la boucherie. Ces animaux sont presque tous, à l'exception de ceux nécessaires à la consommation locale, vendus au marché de Paris. Peu de personnes les envoient elles-mêmes; ils sont en général achetés aux foires du pays par des marchands qui les conduisent ensuite pour leur compte à la Villette. L'époque où ce commerce s'exerce, est l'hiver. Les ventes ont lieu ordinairement à la pièce, cependant l'usage de la bascule se répand beaucoup et un grand nombre de marchés d'animaux gras se font maintenant au poids.

Moutons. — *Porcs.* — Les moutons gras sont vendus moitié pour le marché de Lyon, moitié pour le marché de Paris. Les porcs sont employés pour la charcuterie du pays, le surplus est enlevé pour Lyon, Saint-Étienne et le Midi.

Résumé. — *Débouchés plutôt avantageux que suffisants.* — En résumé, pour notre région, le commerce des bestiaux de toutes les espèces, gras et maigres, est très-actif dans toutes nos foires ; il tend plutôt à augmenter encore qu'à diminuer ; et, pour répondre aux termes mêmes du questionnaire, on peut dire que les débouchés par lesquels s'écoule notre bétail sont plutôt avantageux que suffisants. Quant aux différentes spéculations auxquelles donne lieu le commerce du bétail, on peut constater d'une manière générale que, pour nos cultivateurs, la spéculation et le commerce proprement dits, consistant à acheter et à revendre, très-répandus autrefois, ont maintenant diminué beaucoup. La tendance universelle est de produire soi-même son bétail et de vendre ses produits, soit gras, soit maigres.

Tendance à produire plutôt qu'à acheter et revendre. — Cette tendance est louable et doit être encouragée par tous les moyens possibles. Elle a été déjà couronnée de succès pour ce qui regarde les bêtes à cornes ; aujourd'hui il ne s'en importe presque plus, et toutes celles qui s'exportent sont nées et ont été élevées dans le pays. Il en est de même des porcs. La seule spéculation qui subsiste encore et se fasse sur une grande échelle, est celle des moutons importés pour être engraissés dans nos domaines. Nous terminerons cette étude en en disant un mot.

Spéculation des moutons achetés en Berry et importés en Bourbonnais pour l'engraissement. — Dans le canton de Bourbon, ces moutons appartiennent à la race de Crevant et viennent du pays maigre mais sain qui se trouve compris à la jonction des trois départements de l'Indre, de la Creuse et du Cher, entre La Châtre, Boussac et Saint-Amand.

Description du système. — Ces moutons sont achetés tous les ans au printemps pendant les mois de mars, avril et mai, généralement à l'âge de deux ans, quelques-uns à l'âge d'un an ; ils sont répartis dans chaque domaine par lots de 60 à 80 têtes ; ils y passent tout l'été, puis sont engraissés l'hiver suivant, et revendus aux mois de novembre, décembre et janvier. Dans le canton de Souvigny le même commerce a lieu, avec cette différence que les moutons sont achetés dans les environs de Montmarault sur les confins de l'arrondissement de Montluçon. Ces moutons ressemblent assez aux moutons d'Auvergne ; ils sont cependant moins durs à engraisser.

Ce système d'importation est suivi depuis longtemps dans

le pays ; il est bien antérieur à 1848, et est aujourd'hui toujours le même qu'à cette époque. Il y a toutefois grande amélioration : 1° parce que dans le pays où nous allons chercher ces moutons, l'élevage a été un peu perfectionné ; ils sont castrés plus jeunes, tenus en meilleur état, et plus gros qu'anciennement ; 2° parce qu'une fois arrivés dans nos domaines, ils y sont aussi mieux nourris, mieux soignés, et par suite moins sujets à la cachexie. Quoi qu'il en soit, ce système offre de nombreux inconvénients. L'agriculteur qui doit avant tout être producteur devient un commerçant ; s'il a un certain nombre de domaines, ce commerce le dérange énormément chaque printemps, en l'obligeant à des déplacements longs et coûteux, et à des absences nuisibles à ses affaires. De plus, il engage un capital considérable que l'on peut évaluer à peu près à 2,000 et 2,500 fr. par domaine, soit, pour une ferme de 10 domaines, et elles ne sont pas rares, 20 à 25,000 fr., qui, pour 8 mois, temps qui s'écoule en moyenne entre l'achat et la vente, représente des intérêts assez élevés. Enfin, chaque fois qu'il achète, le propriétaire ou le fermier a la chance d'être trompé, et tout le monde sait qu'en fait de bêtes à laine les pertes vont vite et atteignent rapidement de grandes proportions, en se multipliant par un nombre de têtes souvent considérable. Aussi le bénéfice que nous tirons de nos moutons chaque année, est-il petit. L'écart du prix d'achat avec le prix de vente doit être compté, année moyenne, à huit ou dix francs par tête, auxquels il faut ajouter le prix d'une toison de laine, pesant environ trois livres et demie et vendue en suint 1 fr. la livre, soit 3 fr. 50 ; en tout 12 ou 13 fr. de bénéfice brut par mouton. Si l'on retranche de cette somme l'intérêt de l'argent qui a servi à l'achat, les pertes accidentelles toujours inévitables sur un troupeau, les frais d'engraissement à l'écurie avec tourteaux, avoine et farine d'orge, on verra que, même en supposant qu'il n'arrive ni cachexie, ni autres maladies si communes chez les moutons, le bénéfice net reste fort insignifiant, surtout si on le compare à celui de l'éleveur. Notre véritable profit sur les bêtes à laine consiste dans leur fumier qui, par sa bonne qualité bien connue, est pour nos terres froides un puissant moyen de fertilisation.

Objections à faire à l'élevage. — Si l'élevage est plus profitable, nous dira-t-on, pourquoi ne pas élever ? Ceci est vrai pour certains domaines de la région qui, placés sur des côtes dans des positions plus saines, devraient en effet élever et s'en trouveraient bien, mais pour le plus grand nombre, il y a des objections vraiment sérieuses à faire contre l'élevage.

La nature argileuse des terres, l'impénétrabilité du sous-sol entretiennent presque partout l'hiver, une très-grande humidité ; les chemins ruraux, quoiqu'aujourd'hui il y ait beaucoup de routes, sont très-mauvais, et l'on voit souvent les moutons s'y enfoncer jusqu'au ventre, et y rester pris par les jambes; les herbes venues dans l'humidité sont généralement très-aqueuses et poussent à la décomposition du sang. Il en résulte que la cachexie ou pourriture se déclare facilement, et expose sans cesse les agriculteurs à voir périr tout ou partie de leur troupeau.

Le mouton acheté à un ou deux ans, qui s'est élevé dans un pays sain, arrive dans nos domaines avec un tempérament déjà robuste, une santé toute faite qui lui permet de résister à ce que notre climat a de contraire pour lui. D'ailleurs, acheté au printemps et revendu à l'entrée de l'hiver, il n'est pas exposé aux intempéries et à l'humidité des plus mauvais mois.

La brebis et l'agneau, au contraire, la première affaiblie par l'agnelage et l'allaitement, le second rendu frêle et délicat par son jeune âge et sa naissance au mois de décembre ou de janvier, obligés d'ailleurs, l'un et l'autre, de supporter dans nos bergeries l'hiver complet, sont dans les plus mauvaises conditions pour réussir et même vivre. Les brebis s'usent très-vite, et, aussitôt qu'arrivent des pluies un peu persistantes, prennent la maladie et périssent.

Voilà ce qui, jusqu'à présent, a entravé l'élevage dans beaucoup de domaines de nos cantons et sans doute l'empêchera encore longtemps. On aime mieux gagner moins et ne pas s'exposer à voir disparaître en un hiver toute une bergerie montée à grand'peine et à grands frais. Avec le temps, avec de nouveaux progrès, l'élevage pourra se répandre plus qu'il ne l'est aujourd'hui, parce que la culture augmentera toujours l'assainissement des terres, mais nous ne croyons pas qu'il se généralise jamais complétement. Dans tous les cas, l'humidité de nos vallées et la nature de nos herbes seront longtemps encore un redoutable obstacle.

2. — CANTON DE DOMPIERRE.

Le canton de Dompierre est situé à l'extrémité nord-est du département de l'Allier. Il est traversé par la rivière de Besbre et il longe la Loire sur un parcours d'une vingtaine de kilomètres.

Le chemin de fer de Moulins à Chagny, qui passe à Dompierre, facilite le transport du bétail qu'on vient acheter à ses foires.

Les terres du canton de Dompierre sont de consistance moyenne. Elles appartiennent à la formation de l'époque tertiaire, et leur richesse bien faible n'est due qu'à la décomposition des matières organiques provenant des forêts qui couvraient jadis le pays.

La culture par métayage y est à peu près la seule observée, et les domaines y sont généralement d'une contenance de soixante hectares de terrain, dont la moitié est consacrée à la nourriture du bétail, soit comme prairies naturelles ou artificielles dont on fauche les foins, soit comme pâturages semés où les animaux vont eux-mêmes chercher leur nourriture.

Des betteraves, des topinambours et des pommes de terre en hiver, du maïs en été complètent l'alimentation du bétail. Le canton de Dompierre est essentiellement un pays d'élevage. La nature de son sol, l'étendue de ses domaines, la rareté de ses ouvriers et sa position entre le Nivernais et le Charolais, qui se disputent ses animaux, lui imposent ce mode d'exploitation. Dompierre élève des animaux des espèces bovine, ovine, et porcine. Le plus généralement il sort de chaque domaine quatre bœufs et deux vaches, qui sont remplacés par autant de veaux mâles et de femelles élevés dans la ferme.

Les bœufs commencent à travailler vers l'âge de deux ans, et c'est en fournissant à leurs propriétaires un travail suffisamment rémunérateur qu'ils atteignent l'époque de leur vente. Les bœufs sont vendus le plus souvent maigres à l'âge de cinq et six ans. Dans certains domaines, quand les fourrages ont été abondants, on engraisse pendant l'hiver une paire de bœufs ; alors ceux-ci sont dirigés sur Paris, où leur viande est justement appréciée.

Au printemps, les bœufs sont achetés par les herbagers de la Nièvre, du Cher et du Charolais, qui les engraissent dans leurs prairies. Presque toutes les vaches sont emmenées dans le Charolais, et alors leur prix varie entre 280 et 400 fr. la pièce.

Vers la fin de l'été, les cultivateurs du nord de la France viennent acheter aux foires de Dompierre les plus beaux bœufs du pays pour les faire travailler pendant quelque temps et les engraisser ensuite. Les animaux destinés à cette émigration lointaine ont été préparés un peu d'avance, et leur prix atteint une moyenne de 750 fr. par tête.

Il y a vingt-cinq ans, le bétail du canton de Dompierre était aussi pauvre que l'était sa culture. Les animaux du pays n'appartenaient à aucune race bien déterminée. On ne demandait aux bœufs d'alors que la force nécessaire pour le transport des bois sur les bords du canal de Dompierre, mais depuis que des hommes actifs et intelligents ont transformé la culture du sol, une famille d'animaux plus en rapport avec les nouveaux besoins du pays a fait son apparition dans le canton.

Depuis cette époque, la race Charolaise pure ou quelquefois mélangée à la sous-race Charolaise-Nivernaise, règne dans toute la contrée, où elle a gardé à bon droit l'estime des cultivateurs qui utilisent ses qualités.

Les étés sont souvent très-secs dans le centre de la France ; alors les herbes y sont rares, les foins pour l'hiver peu abondants, et une race trop perfectionnée d'animaux qu'on ne pourrait nourrir qu'en achetant du foin ou d'autres nourritures étrangères, ne pourrait convenir au pays.

L'initiative privée a seule amélioré le bétail du canton de Dompierre où les chefs d'exploitations du sol ne reculent devant aucun sacrifice pour se procurer de bons reproducteurs de l'espèce bovine, soit dans le pays même, soit ailleurs, et, chaque année, des animaux provenant des meilleures étables de la Nièvre, sont transportés dans nos contrées.

La sélection, car on ne peut appeler croisement le mariage des vaches d'une race avec des taureaux d'une même race, bien que d'une famille différente, — la sélection préside surtout à l'amélioration du bétail de la contrée.

Les bonnes vaches sont fort recherchées, et on les garde aussi longtemps qu'elles peuvent fournir de bons produits. Les génisses de qualité inférieure sont invariablement éliminées du troupeau qu'elles déshonorent.

Bien que la race Charolaise soit seule appréciée dans le canton de Dompierre, deux étables font une honorable exception à cette règle, parce qu'elles répondent à des besoins différents, et il est juste de leur donner le tribut de louanges qu'elles méritent. Le révérend père Jean de Durat, abbé de la Trappe de Septfons, a importé, dans l'abbaye qu'il dirige, de fort belles vaches flamandes et hollandaises pures avec des taureaux de même race. Les génisses vendues par l'abbaye de Septfons sont fort recherchées comme vaches laitières.

Tout près de là, M. Colcombet possède dans sa terre de la Tour, près Dompierre, une très-belle vacherie d'animaux de race Durham pure. M. Colcombet a choisi les sujets qui peuplent ses étables chez les éleveurs les plus distingués de la race à courtes cornes. M. Colcombet a l'intention de pousser aussi loin que possible l'amélioration de ses animaux, dont les qualités sont très-remarquables. Les moutons que le canton de Dompierre élève n'appartiennent pas à des races bien déterminées. Néanmoins les bergeries qui ont le plus de succès sont celles où l'on élève les moutons de la race Charmoise.

Les moutons south-down réussissent mal dans le canton de Dompierre à cause du peu d'abondance et du peu de fraîcheur des herbages, en été, et aussi à cause de la chaleur et de la poussière qui fatiguent des animaux habitués aux ressources de pays riches et à climat tempéré. Le pays n'élève pas un nombre de moutons qui réponde à ses besoins ; aussi lui arrive-t-il souvent d'acheter dans le Berry de jeunes agneaux d'un an qu'il prépare pour la boucherie. L'espèce porcine, de même que l'espèce ovine a, dans le canton de Dompierre, des représentants de toutes les races françaises et anglaises. La race dominante que l'on améliore de plus en plus par les verrats anglais, manque encore de précocité.

3. — CANTON DE MONTET-AUX-MOINES.

Il y a vingt-cinq ans, la race qu'on élevait dans le canton était mal conformée, les formes étaient anguleuses, la poitrine était resserrée, le ventre gros. La robe était d'un rouge clair, ou couleur froment mélangée de blanc. Cette race, qu'on avait toujours vue dans le pays, et qui se reproduisait avec tous ses défauts, avait cet avantage toutefois qu'elle était très-rustique, et résistait au rude régime qui lui était imposé. Mal nourrie, sa croissance était naturellement tardive et son développement lent et pénible.

Le chaulage, inauguré dans la contrée par quelques propriétaires, qui furent bientôt imités, en augmentant dans une large proportion la production des fourrages et en leur donnant une qualité supérieure, a amené par suite pour l'espèce bovine une complète transformation. Là encore, on est allé acheter des reproducteurs dans la Nièvre. Les croisements qui en sont résultés ont modifié si généralement la race primitive, qu'on ne rencontre plus guère de sujets de cette race défectueuse qui n'aient pas reçu quelques gouttes de sang améliorateur. Si les animaux qui remplissent les étables laissent encore à désirer, il ne faut pas oublier que le sol de la grande moitié du canton est très-ingrat, peu fertile et que les animaux s'en ressentent. On a beaucoup fait si l'on songe aux difficultés qu'on avait à vaincre.

On peut dire de l'espèce ovine ce qu'on vient de dire de l'espèce bovine. La race du pays a été remplacée, grâce à l'introduction de béliers des races Charmoise et South-down, provenant pour la plupart des excellentes et renommées bergeries de MM. de la Romagère et de Bouillé.

Il faut signaler ici une fâcheuse coutume qui nuit au progrès de l'élevage, et qui empêche que les jeunes animaux n'acquièrent la précocité, la régularité de formes et le prompt développement qu'on serait en droit d'espérer après les bons choix de reproducteurs qui ont été faits. Dans la plupart des fermes, les veaux sont privés du lait de leur mère ; ce lait, qui leur serait si utile, est transformé en beurre et porté au marché. C'est là une déplorable spéculation qui arrête le progrès en voie de s'accomplir. On ne saurait trop insister pour arriver à éclairer la population sur ses véritables intérêts.

Le canton vend pour la boucherie. Il n'élève guère de reproducteurs. Les animaux sont dirigés sur Paris et Lyon ; quant aux jeunes taureaux de deux à trois ans, appelés châtrons, des marchands étrangers viennent les acheter.

L'élevage du porc est très-répandu.

Les bœufs de trait sont aussi l'objet de transactions nombreuses.

Les débouchés principaux sont les foires qui se tiennent au chef-lieu du canton, puis celles de Cressanges, Souvigny, Montmarault, Saint-Pourçain. — Elles suffisent largement aux besoins de la région.

4. — CANTON DE LURCY.

Dans ce canton, la race Charolaise domine. On l'emploie au travail et pour l'élevage. La plupart des taureaux ont été achetés au dehors, dans les meilleures étables du Nivernais, soit par les propriétaires eux-mêmes, qui ont imprimé le mouvement, soit par le Comice ou la Société d'agriculture. Quelques vaches ont été aussi importées soit du Nivernais, soit de la vallée du Brionnais (Charolais).

C'est au pacage qu'a lieu l'élevage, depuis la fin de mai jusque vers le milieu de novembre. Les animaux restent à l'étable les autres mois de l'année. L'engraissement des bestiaux n'a pas une grande importance.

Un certain nombre de bergeries se sont créées depuis quatre à cinq ans. On y entretient des béliers South-down, auxquels on donne des brebis de Crevant et Solognotes. Avant ces essais, qui ont réussi, les propriétaires et les fermiers achetaient dans la Creuse et le Berry des moutons de deux ans, qu'ils engraissaient et vendaient aux commerçants de bestiaux ou directement à la boucherie. Ce mode de procéder se continue encore chez ceux qui n'ont pas créé les bergeries dont on vient de parler.

IV.

ARRONDISSEMENT DE LA PALISSE.

1. — CANTON DE LA PALISSE.

La race qui domine aujourd'hui dans l'arrondissement de La Palisse est la race Charolaise, aujourd'hui de beaucoup la plus nombreuse et la plus répandue à juste titre. Depuis longtemps déjà, les cantons du Donjon, de Varennes, de Jaligny, la partie plane du canton de Lapalisse, chez qui les emboucheurs du Charolais viennent acheter chaque année des animaux pour le pré, sont à leur tour allés chercher dans les fermes des environs de Charolles et du Brionnais des reproducteurs mâles surtout, et quelques vaches d'élite. — Ces animaux travaillent d'abord, et vers l'âge de cinq ans sont revendus aux emboucheurs qui les recherchent toujours à cause de leur grande prédisposition à prendre la viande.

Le profit que permettait alors de réaliser ce mode d'élevage s'est étendu depuis quelques années seulement à la partie montagneuse du canton de Lapalisse et aux cantons de Cusset et du Mayet-de-Montagne; en sorte que la race primitive, connue dans le pays sous le nom de race de montagne, de petite taille, au pelage rouge et blanc, tend à disparaître et n'existe plus que comme race secondaire. Les champs de foire de ces derniers cantons, peuplés, il y a quelques années seulement, de bêtes de toutes nuances, n'offriront bientôt plus à l'œil que la robe uniformément blanche du Charolais.

D'autre part les cantons nommés tout d'abord sont allés plus tard en Nivernais chercher leurs reproducteurs. C'est là qu'ils trouvent le Charolais tout amélioré et qui augmente encore d'une manière constante la finesse de qualité déjà acquise par les reproducteurs d'origine charolaise. — Ce grand élan pour l'amélioration de l'espèce bovine a été surtout accéléré par l'ouverture des chemins de fer dans l'Allier ; le trajet de Paris raccourci, la facilité plus grande de conduite, la sécurité dans les transactions ont tourné l'esprit des éleveurs vers l'engraissement à l'écurie. La production facile des betteraves dans les terres calcaires et fraîches des cantons de Varennes et de Jaligny n'a fait qu'augmenter cette tendance à l'engraissement, en sorte qu'une grande partie des bœufs primitivement vendus aux herbagers sont aujourd'hui engraissés à l'écurie et expédiés au marché de la Villette ou vendus dans les foires à des commissionnaires qui les y conduisent eux-mêmes, ce qui fait que depuis quelques années l'Allier figure parmi les meilleurs fournisseurs de ce marché, et vient souvent, avec avantage, lutter avec ses voisins de la Nièvre pour le fini d'engraissement.

Devant un tel résultat, les éleveurs ont encore cherché à réaliser des bénéfices plus considérables ; la tendance à la précocité s'est imposée d'elle-même ; les prix de la viande de plus en plus élevés chaque année ont donné l'idée d'essayer des croisements Durham, et il faut dire qu'en général ces essais ont été couronnés de succès, puisqu'ils leur ont permis d'envoyer aujourd'hui à Paris des jeunes bœufs et des génisses de trois ans à trois ans et demi d'un engraissement parfait, d'une maturité de chair très-remarquable et du poids de 500 à 650 kilog. — Cet engraissement précoce a été encore facilité pour les possesseurs de terres à betteraves par la commodité de remplacer près de leurs voisins des autres cantons leurs bœufs d'attelage ; c'est ce qui explique la concurrence que nos engraisseurs font sur les foires aux emboucheurs du Charolais et du Nivernais pour l'achat des bœufs de trait. Les comices, aidés par l'administration centrale, sont venus puissamment en aide à l'impulsion donnée par les prix de la viande. Chaque année des reproducteurs, choisis dans les étables les plus en renom du Nivernais, sont vendus aux enchères sous les auspices du comice agricole de l'arrondissement. — Ces animaux se placent toujours sûrement, sinon avantageusement pour la Société agricole. Les éleveurs ne laissent plus d'ailleurs, comme jadis, au premier étalon venu le soin de saillir leurs vaches. Ces soins judicieux ont notablement amélioré déjà les races dans cet arrondissement, et la nécessité d'arriver à la prédisposition à la chair a encore amené cet autre résultat de faire castrer les jeunes veaux dès le jeune âge ; aussi les engraisseurs avisés recherchent-ils de préférence, et payent-ils plus cher les veaux hongres que les autres. En outre, les concours d'arrondissement et les primes et médailles accordées sont venues encore stimuler le zèle de chacun, et donner surtout aux gens de la campagne des points de comparaison très-favorables à leur éducation zootechnique et à leur connaissance du bétail. A ce point de vue, les concours à la portée de tous ont un résultat d'utilité inappréciable ; il faut donc, dans l'intérêt du producteur et du consommateur, chercher à améliorer les concours, mais ne les supprimer jamais.

Les vacheries et bergeries de l'Etat ont aussi leur rôle qu'il faut reconnaître. Elles permettent aux riches éleveurs de renouveler le sang de leurs étables pour en revendre ensuite les produits dans le pays, tandis qu'un très-petit nombre pourrait songer à aller à l'étranger pour opérer une nouvelle infusion de sang pur qui devient de temps à autre indispensable. En ce qui concerne l'élevage, il se fait directement sous la mère d'abord. La race Charolaise étant peu laitière, nos métayers ont l'habitude de ne prélever sur le lait que la quantité nécessaire à l'entretien de leur ménage et à la nourriture des ouvriers du domaine. Celui qui veut immédiatement tirer parti du laitage et du beurre n'a généralement que de mauvais veaux, et, comme tous les regards dans le pays sont tournés vers le but final, l'abattoir, on se garde, à peu d'exceptions près, de nuire au développement du veau, qui retarderait et diminuerait d'autant plus sa réalisation en espèces. — Vers deux ou trois mois, les veaux sont mis aux prés chez les éleveurs du Charolais qui destinent leurs bœufs au travail ; chez les autres, et surtout chez les éleveurs de croisés Durham, ils sont tenus le plus longtemps possible à l'écurie, et quelquefois jusqu'au moment de leur départ pour la boucherie, vers trois ans. — L'engraissement alors est commencé déjà, et il est fini à l'écurie, par une nourriture composée de bon foin, de betteraves hachées au couperacines et mangées directement, — il n'existe ni sucrerie ni

distillerie dans l'arrondissement, — de tourteaux et de farine d'orge vers la fin de l'engraissement. Quant aux débouchés pour les bêtes d'engrais, Paris en absorbe la plus grande quantité. Les commissionnaires conduisent quelquefois à Lyon, le producteur, jamais. — Les bœufs de trait sont vendus sur les foires aux emboucheurs du Charolais, du Nivernais, et aux laboureurs du pays vers l'âge de cinq ans.
— Les engraisseurs du pays, après les avoir fait travailler un an, les préparent ensuite pour la boucherie, généralement l'hiver suivant de leur achat. Les animaux qui ne sont pas expédiés sur Paris, sont vendus aux foires importantes de La Palisse et de Varennes.

2. — CANTON DE VARENNES-SUR-ALLIER.

Le canton de Varennes-sur-Allier est composé pour la plus grande partie de terres argilo-calcaires. On y trouve le chanvre, le colza, le froment, la betterave, les prairies artificielles ; peu de prés naturels. La race Charolaise, il y a quinze ans, y dominait. Depuis lors, le croisement avec des reproducteurs de la race Durham s'y est pratiqué sur une assez grande échelle. Ce que l'on recherche, c'est un travail modéré, mais surtout la production la plus rapide possible de la viande. Les étables sont nombreuses qui ne contiennent que des animaux Durham-charolais. Le demi-sang gagne du terrain tous les jours. Il donne à peu de chose près autant de travail et se montre beaucoup plus apte à l'engraissement.

On a d'abord acheté des animaux de la race Charolaise améliorée dans la Nièvre ; on a gardé les produits en éliminant ceux qui paraissaient inférieurs. Puis, sur un terrain ainsi préparé, sont arrivés les reproducteurs Durham. La précocité, la plus grande régularité des formes en ont été la conséquence. Enfin, on a introduit un peu plus tard des vaches de race anglaise pure. Aussi aujourd'hui, grâce à ces constants et intelligents efforts, les bœufs vendus sur le marché de Varennes sont offerts à la Villette, et largement payés.

Comme ailleurs, l'administration centrale a surtout manisfesté son influence par les concours régionaux ; l'administration départementale, comme dans les autres parties de la contrée, par des secours accordés aux comices.

Si les vacheries de l'Etat n'ont exercé qu'une action indirecte, cependant il serait injuste de dire que cette action n'a pas existé. Le canton a trouvé plus facilement des reproducteurs chez les propriétaires des cantons voisins qui avaient formé leurs importantes vacheries en achetant des reproducteurs de race anglaise soit à Corbon, soit à Fouilleuse d'abord, ensuite à Pompadour. Le peu de prairies naturelles a développé dans le canton le système de la stabulation permanente. Les veaux sont nourris abondamment jusqu'à six mois, époque habituelle du sevrage. Les animaux destinés au travail ne reçoivent pas une nourriture aussi succulente que ceux destinés à un engraissement précoce. Mais, grâce à la sélection et à des soins qu'ils ne recevaient pas autrefois, les bouvillons, entre deux et cinq ans, commencent un travail sérieux. A l'âge de cinq à six ans, après un travail fructueux, ils sont vendus aux emboucheurs de la Nièvre et du Charolais.

Autrefois, dans cette partie du département, l'élevage du mouton était très-restreint. C'était le mouton bourbonnais qu'on y élevait, chétif, peu précoce, sujet à la cachexie aqueuse, mal nourri, mal logé ; il avait presque toujours une mauvaise fin, et les cheptels s'amoindrissaient au grand préjudice du propriétaire. Le drainage et le curage de nombreux ruisseaux ayant assaini les terres, l'industrie du mouton est devenue une branche de revenu très-importante.

On a importé d'abord des brebis de Crevant et des béliers de la race Charmoise. Puis, on est arrivé aux South-down. Ces derniers ont moins bien réussi. On leur a reproché d'être sensibles à la trop grande chaleur et d'avoir diminué de taille. Les brebis vont aux champs, et, rentrées à la ferme, elles reçoivent un supplément de nourriture sèche. Les agneaux nés de décembre à la fin de février, sont nourris, après le sevrage, avec des betteraves, du son, du foin et de l'avoine. Si on les destine à la boucherie, ils sont castrés à six semaines. A dix-huit mois, ils donnent 3 k. 1|2 de laine en suint. La laine se vend assez difficilement. Des courtiers l'achètent. Très-souvent elle sert aux besoins locaux. On ne lave jamais la laine à dos. Cette méthode, proscrite ici dans un but d'hygiène, est suivie généralement dans le canton voisin.

Les brebis de réforme se vendent en juillet, août et septembre. Un agneau de douze à quatorze mois, tondu et nourri dans les conditions qu'on vient de dire, pèse de 55 à 60 kilog., et vaut souvent 1 fr. le kil., ce qui, joint à la valeur de la laine et au fumier obtenu, donne un beau résultat.

Les débouchés sont restreints. Pendant la saison, c'est la ville de Vichy qui achète et consomme surtout. On a essayé le marché à Paris. Mais les troupeaux étant peu considérables, par suite du morcellement de la propriété, le débouché est resté peu pratique. En somme, dans la contrée qui nous occupe, l'élevage du mouton est une industrie à encourager.

L'élevage du porc est très-répandu. On fait naître et on vend de très-bonne heure. Le nombre des porcelets de trois mois qui s'exportent, pour être engraissés ailleurs, est très-considérable.

De nombreux croisements plus ou moins réussis, ont été essayés entre la race du pays et les races Craonnaise, Berkshire, Leicester. Grâce à ces essais toutefois, la conformation a été améliorée, la précocité est devenue plus grande.

Les porcelets sont achetés soit par les petits cultivateurs qui les engraissent pour leur usage personnel, soit par des marchands qui les exportent en Auvergne, Lyonnais, Forez, Dauphiné, Bresse, et Bugey. Les prix de vente varient beaucoup.

3. — CANTON DU DONJON.

Il y a déjà longtemps que la race Charolaise a été introduite dans le canton, comme dans ceux de Dompierre et de Jaligny.

La culture se fait au moyen de bœufs qui travaillent d'ordinaire de trois à cinq ans. Ils sont vendus au printemps aux engraisseurs du Charolais et du Nivernais. A la fin de l'année, ils passent souvent aux mains des cultivateurs du Nord, qui en font un très-grand cas. Depuis bientôt dix ans, on s'est habitué à en engraisser à l'écurie et à les envoyer ensuite sur le marché de Paris.

Les vaches sont employées exclusivement à la reproduction. On les vend à l'âge de huit ans aux engraisseurs qui viennent choisir les bœufs.

Voilà déjà bien des années que les éleveurs de la contrée vont chercher dans le Charolais, et aujourd'hui plus particulièrement dans le Nivernais, les taureaux qui leur sont nécessaires. Ils trouvent avec raison que les reproducteurs de ce dernier département donnent aux croisements des formes meilleures, plus d'aptitude à l'engraissement, tout en ne modifiant pas d'une manière bien sensible leur aptitude pour le travail.

Les concours régionaux, les primes en argent données aux comices, qui ont permis l'achat de taureaux de choix, revendus ensuite aux enchères, ont beaucoup aidé au mouvement salutaire qui s'est accompli. Cependant, en rendant pleine justice à l'administration centrale, il faut reconnaître que l'influence des vacheries et bergeries de l'État n'a pu guère se faire sentir.

Les pâturages étant en général de qualité ordinaire, on élève bien plutôt qu'on n'engraisse. Excepté dans quelques prairies d'une nature particulière, l'engraissement a lieu l'hiver à l'écurie. On emploie pour cela la betterave, le topinambour, les tourteaux, la farine d'orge ou de seigle. Un des grands avantages de cet engraissement, est-il besoin de le répéter, c'est qu'il donne d'abondants et riches fumiers. Les foires sont bien approvisionnées, et le commerce des bestiaux qui s'y fait est assez considérable. Les principales sont celles de La Palisse, de Varennes-sur-Allier et de Dompierre, qui a une réelle importance.

V.

ARRONDISSEMENT DE MONTLUÇON.

1. — CANTON DE MONTLUÇON.

Il y a vingt ans, il n'y avait pas, à proprement parler, de race dominante. La race secondaire qu'on y rencontrait, et qu'on y trouve toujours, est un composé des races Limousine et Marchoise.

Pas non plus de race ovine ou porcine pure. La race Berrichonne avait formé l'une, la seconde était un mélange de diverses races françaises.

On a d'abord employé la sélection ; depuis on a eu recours au croisement avec des animaux améliorés. Le plus grand nombre des reproducteurs appartient à la race Limousine, race excellente pour le travail, et qui s'engraisse aisément ; depuis quelques années, on a introduit la race Nivernaise, et même quelques sujets de la race de Durham.

La race ovine de la localité a été croisée avec les races de Crevant et de la Charmoise. Quelques béliers South-down et Dishley ont été amenés. Les résultats ont été satisfaisants.

On élève les 4/5 des veaux dans les grandes fermes. Cette proportion est réduite aux 2/5 dans les petites exploitations. En moyenne, une moitié seulement des veaux est élevée.

Le haut prix du laitage amené par les agglomérations ouvrières, fait sevrer les veaux à trois mois au plus, fait regrettable pour l'élevage.

Les bœufs sont livrés à la boucherie vers six ans. Les vaches ne sont réformées que plus tard, vers dix ou douze ans.

Les animaux qu'on engraisse reçoivent pendant le temps qu'ils passent à l'étable des tourteaux de navette et de noix délayés dans l'eau. La dose est graduellement augmentée. Lorsque la dernière période est arrivée, on leur donne du tourteau sec ou des grains inférieurs, principalement de l'avoine. Ils sont livrés à la boucherie après trois mois passés à l'écurie ; temps insuffisant.

Les espèces ovine et porcine ne jouent qu'un rôle secondaire dans le système agricole de l'arrondissement.

Quelques propriétaires ont fondé des écuries d'animaux de race Charolaise pure. Ils ont obtenu de grands et légitimes succès dans les concours. Il suffira de nommer MM. de la Romagère, Tabouet, etc.

2. — CANTON DE MARCILLAT.

La race dominante du canton est celle connue sous le nom de Bourbonnaise. On doit admettre qu'elle a été formée autrefois par une infusion de sang limousin. Depuis quelques années, mais encore d'une façon restreinte, on emploie les reproducteurs Charolais. Mais les taureaux Limousins sont toujours préférés, et on en importe un certain nombre.

Le canton est une contrée d'élevage.

La spécialité des animaux est le travail.

Les procédés d'élevage sont les suivants :

La mère allaite son produit jusqu'à trois mois, quelquefois jusqu'à cinq; mais c'est là l'exception. Puis, il est envoyé au pacage où il reste jusqu'à l'hiver ; il rentre alors à l'écurie, et reçoit du foin et de la paille de seigle. A trois ans, il est dressé, et d'ordinaire vendu à des marchands du Berry. Les génisses vont au contraire dans les plaines de l'Allier, où elles sont appréciées comme laitières.

L'engraissement se fait en laissant d'abord les bœufs au repos pendant six mois environ. Quand il a lieu pendant l'été, on nourrit les animaux avec des fourrages verts, et vers la fin avec de la farine et des tourteaux de colza. Manière peu coûteuse. Dans le second mode employé, en octobre, le bœuf est soumis à la stabulation, et reçoit des rations de raves, betteraves, pommes de terre cuites, farine, pois, avoine, tourteaux. Ce régime dure trois mois. L'animal, ainsi engraissé, est très-apprécié par les bouchers de Paris.

Les ventes ont lieu dans les foires, peu dans les étables. Les bœufs gras vont à Paris, les bêtes de travail restent dans l'Allier ou sont achetées par le Berry. — Les bêtes à laine sont très-souvent enlevées par le Charolais. — Les porcs, branche importante de commerce, sont dirigés sur Paris, Lyon et Saint-Étienne.

Les principaux marchés pour le canton sont : Montluçon, Néris (pendant la saison des eaux), Commentry; dans la Creuse, Evaux, Chambon, Lépaud, Auzance; et, dans le Puy-de-Dôme, Pionsat et Montaigut-en-Combrailles.

VI.

ARRONDISSEMENT DE GANNAT.

Cet arrondissement est le moins étendu et le moins populeux des quatre qui composent le département. Mais il contient les terres les plus fertiles. Le riche bassin de la Limagne d'Auvergne s'y continue jusque vers le canton de St-Pourçain. Là, la terre est forte; le sous-sol est argileux; on y cultive le froment, l'orge et le chanvre. Cependant, depuis l'introduction des fourrages artificiels et de la betterave, la culture du chanvre diminue chaque jour.

Dans les cantons d'Ebreuil et de Chantelle, où se rencontrent des pentes assez fortes, couvertes de bois, la terre est plus légère, et sur certains points moins fertile. Mais c'est là que la chaux a été employée avec le plus de succès, et son usage y est devenu général. L'aspect de la contrée s'en est trouvé transformé. Où l'on ne voyait, il y a vingt ans, que des balais et de la bruyère, on récolte de riches froments, d'une qualité supérieure à ceux de la plaine, et que la meunerie recherche avec raison.

Tout l'arrondissement, on peut le dire, doit sa richesse à l'agriculture; à la production des céréales et du vin et à l'exploitation des bois.

Au point de vue qui nous occupe, l'élevage du bétail, les mêmes progrès signalés pour la culture se sont accomplis. Les écuries se sont remplies peu à peu d'animaux appartenant à la race Charolaise, dont on améliore les formes par sélection ou par l'introduction de reproducteurs de choix achetés dans le département de la Nièvre. Les cantons de St-Pourçain et d'Escurolles surtout, ont marché les premiers dans cette voie. Mais après un certain nombre d'années, grâce à l'impulsion donnée par quelques propriétaires, les croisements avec la race Durham ont pris un assez grand développement, et les étables sont nombreuses aujourd'hui où l'on ne rencontre que des bêtes croisées dont la régularité de formes est remarquable, et dont la précocité laisse peu à désirer. Ils doivent à la nature du sol d'avoir conservé des membres assez forts pour pouvoir être employés au travail comme les bœufs charolais purs. Aux bords de l'Allier, à partir de Vichy, et en descendant le cours de la rivière jusqu'au-dessous de Varennes, les éleveurs n'ont pas hésité à faire appel à des reproducteurs de sang anglais. Quelques-uns se sont adressés aux vacheries de l'État, Corbon d'abord, Pompadour ensuite, où avait été transportée, comme on sait, la vacherie de Fouilleuse. D'autres, plus nombreux, se sont adressés à la vacherie de Lyonne, que celui qui écrit ces lignes créa, il y a plus de quinze ans, dans le canton d'Escurolles. On comprendra les motifs de convenance qui nous empêchent d'insister à ce sujet. Disons seulement qu'elle doit son origine à deux animaux importés d'Angleterre, et à quelques autres sujets provenant d'étables renommées en France pour la pureté du sang. Elle a fait naître jusqu'à ce jour 140 animaux de pur sang; un certain nombre de produits mâles sont restés dans l'Allier, les autres ont été répandus dans d'autres départements, parmi lesquels on peut citer ceux du Nord, de Loir-et-Cher, de la Mayenne, de la Sarthe, de l'Isère, du Cher, etc. La coupe d'honneur des concours de boucherie de la Villette, la médaille d'or grand module du concours régional de Moulins, en 1868, le prix d'ensemble à ce même concours, et la même distinction au concours de Châteauroux, en 1874, ont récompensé les efforts du propriétaire de cette vacherie. En la créant, il avait été mû par cette pensée qu'aujourd'hui, où les besoins sont devenus plus pressants, où l'alimentation publique s'est transformée et est devenue meilleure, il fallait, partout où cela est possible, grâce aux conditions favorables du sol, faire de la viande et la faire vite. Cette vérité est reconnue par tous les esprits sérieux. Voici ce que disait M. Benoist d'Azy dans une des séances de la réunion des agriculteurs de l'Assemblée nationale : « Ce ne sont pas seulement les productions » des plus lointaines provenances qui nous menacent ; la Cri- » mée, la Hongrie, la Valachie peuvent jeter sur nos mar- » chés d'énormes quantités de viande. L'introduction et la

» propagation des races d'engraissement précoce peuvent
» seules nous sauver aujourd'hui. »

M. de Dampierre, prenant la parole à son tour, insistait, et confirmait par des faits cette déclaration (V. les procès-verbaux publiés).

Mais, pour arriver au succès, il faut obtenir des animaux d'une excellente conformation, dont les aptitudes soient bien constatées et dont l'origine soit certaine. Il ne convient pas d'insister ; bornons-nous à constater que, dans cette partie de notre département, comme dans plusieurs cantons dont il est question plus haut, le croisement avec la race durham a pris un sérieux développement. J'ajoute que, dans le même canton d'Escurolles, dans la commune de Vendat, il s'est formé une autre écurie composée exclusivement d'animaux de pur sang Durham, dont deux sujets ont été primés au dernier concours régional de Blois.

Aux portes mêmes de Gannat, existe la belle étable charolaise de M. Bertoux, qui a remporté tant de prix dans les concours.

Dans les cantons de Chantelle et de St-Pourçain, la race Charolaise domine ; dans le canton d'Ebreuil, dont une bonne partie est montagneuse, on retrouve la race Bourbonnaise, avec ses défauts primitifs, mais avec sa vigueur et sa rusticité.

Quelques domaines renferment des animaux bien choisis appartenant à la race de Salers et à la race Limousine.

Les troupeaux ont peu d'importance et ne méritent guère d'être signalés.

RÉSUMÉ.

Le travail qu'on vient de lire, et où l'on s'est efforcé d'indiquer quelle est la situation agricole sur les divers points du département de l'Allier, où en est tout spécialement l'élevage dans les divers cantons, qui, ainsi qu'on l'a dit en commençant, diffèrent sensiblement les uns des autres, peut être facilement résumé en peu de lignes.

Il n'est que juste de dire que, grâce au dévouement, à l'intelligence et à la persévérance d'un assez grand nombre de propriétaires et de fermiers, comprenant qu'il leur appartenait de donner l'exemple, l'agriculture, depuis une quinzaine d'années, s'y est largement développée, et que sur bien des points la transformation a été complète, soit sous le rapport de la culture proprement dite, soit sous celui du bétail, sujet de ces études.

Des défrichements considérables ont eu lieu, l'emploi de la chaux s'est généralisé. Des machines agricoles, des instruments perfectionnés, dont on a pu apprécier la valeur, ont été introduits; les engrais artificiels sont venus s'ajouter au fumier de ferme produit en quantité plus considérable, grâce à l'augmentation des cheptels.

Les concours organisés par la Société d'agriculture de l'Allier et par les divers comices, ont encouragé et récompensé toutes les tentatives, surexcité l'esprit d'initiative, et répandu dans tout le pays les reproducteurs de mérite.

Les animaux qui remplissent aujourd'hui les étables de nos cultivateurs ne ressemblent plus à ceux que l'on entretenait auparavant. Ils ont gagné en nombre, on vient de le dire, mais surtout sous le rapport de la régularité des formes et de la précocité.

On élève et on engraisse, et les produits de l'Allier ont figuré avec honneur non-seulement dans les grands concours régionaux et de boucherie, mais ils sont justement appréciés sur le grand marché de la Villette, où ils se présentent en assez grand nombre.

En un mot, le mouvement est donné, il est général et se continue chaque jour. Puisse notre pays, en retrouvant le calme et cette paix des esprits dont il a tant besoin, persister dans cette voie de véritable progrès qui assurera sa richesse dans un très-prochain avenir.

Paris. — Imprimerie de E. Donnaud, rue Cassette.

www.ingramcontent.com/pod-product-compliance
Lightning Source LLC
LaVergne TN
LVHW021702080426
835510LV00011B/1529